Johannes Kiersch
Die Waldorfpädagogik

PRAXIS ANTHROPOSOPHIE 47

Praxis Anthroposophie – Dialoge, Initiativen, Entwürfe. Taschenbücher, die die Welt nicht nur als bestehende erfassen, sondern sie auch vorausdenkend weiterentwickeln möchten.

Über das Buch: Die Darstellung von Johannes Kiersch ist eine fundierte Einführung in die Pädagogik Rudolf Steiners und ihre Grundlagen. Der Autor gibt aktuelle Informationen zum gegenwärtigen Stand der Waldorfschulbewegung und stellt übersichtlich die wesentlichen Elemente der Waldorfpädagogik dar; er schildert ihr zentrales Anliegen und vermittelt einen Einblick in die ihr zugrunde liegenden anthroposophischen Ideen. Darüber hinaus geht er auf Fragen der Schulorganisation, der Lehrerbildung sowie der Stellung der Waldorfpädagogik im öffentlichen Schulwesen ein. Von besonderem Wert ist die sehr ausführliche, kommentierende Darstellung der weiterführenden Literatur zu einzelnen Themen der Waldorfpädagogik.

Über den Autor: Johannes Kiersch, geboren 1935. Studium der Anglistik, Geschichte und Pädagogik in Berlin und Tübingen. Waldorflehrer in Frankfurt und Bochum-Langendreer. Danach Dozent am Institut für Waldorfpädagogik in Witten-Annen. Weitere Veröffentlichungen im Verlag Freies Geistesleben: *Freie Lehrerbildung* und *Fremdsprachen in den Waldorfschulen.*

JOHANNES KIERSCH

Die Waldorfpädagogik

Eine Einführung
in die Pädagogik Rudolf Steiners

VERLAG FREIES GEISTESLEBEN

ISBN 3-7725-1247-X

3. Auflage der Neuausgabe (9. Gesamtauflage)
Die 1. Auflage der ursprünglichen Ausgabe erschien 1970 in der Reihe
«Erziehung vor dem Forum der Zeit»

Verlag Freies Geistesleben
Landhausstraße 82
70190 Stuttgart
Internet: www.geistesleben.com

3. Auflage der Neuausgabe 1997 im Verlag Freies Geistesleben
© 1997 Verlag Freies Geistesleben
& Urachhaus GmbH, Stuttgart
Einband: Walter Schneider unter Verwendung
eines Fotos von Michael Lutz
Druck: Clausen & Bosse, Leck

Inhalt

Vorwort zur 9. Auflage 7

Vorwort zur 8. Auflage 8

Einleitung 10

Die anthroposophischen Grundlagen 13

Erziehen als Kunst 17
Theorie und Praxis in der Waldorfpädagogik – Die Wesensgliederlehre – Drei Stufen des Erziehens – Psychologie und Physiologie des Denkens, Fühlens und Wollens – Die Sinneslehre – Pädagogische Anthropologie als Wissenschaft für die Praxis

Unterricht nach dem Waldorf-Lehrplan 33
Freiheit des Lehrens – Die Behandlung der Temperamente – Freiheit des Lernens durch «lebendige Begriffe» – Bewährung im Leben – Die pädagogische Funktion der Künste

Von der Schulorganisation 48
Die Waldorfschule als Gesamtschule – Der Stundenplan – Zeugnisse – Kollegiale Selbstverwaltung – Zusammenarbeit mit den Eltern – Förderung statt Auslese – Freiheit des Geisteslebens und ihre Finanzierung

Zur Lehrerbildung 59
Die gegenwärtige Ausbreitung anthroposophischer Lehrerbildungs-
stätten – Steiners Ideen zur Lehrerbildung – Zukunftsaufgaben

Waldorfpädagogik im Gespräch 64
Beiträge der Waldorfpädagogik zur öffentlichen Diskussion pädagogi-
scher Fragen – Waldorfpädagogik und wissenschaftliche Forschung

Waldorfpädagogik und Staatsschule 68
Ist Waldorfpädagogik übertragbar? – Waldorfpädagogik und Berechti-
gungswesen – Das Recht der Freien Schule in seiner Bedeutung für das
öffentliche Schulwesen

Weiterführende Literatur 75
Einführende Darstellungen der Waldorfpädagogik – Bibliografische
Hilfsmittel – Das Leben Rudolf Steiners – Das philosophische Werk
– Grundlegende anthroposophische Schriften – Das künstlerische
Werk – Der anthroposophische Sozialimpuls – Pädagogische An-
thropologie – Wesensgliederlehre und Entwicklungspsychologie – Die
vier Temperamente – Psychologie des Denkens, Fühlens und Wollens
– Sinneslehre – Die Stuttgarter Lehrerkurse – Vorschulerziehung
– Zum Lehrplan der Waldorfschule – Einzelne Unterrichtsgebiete
– Zur Heilpädagogik – Zur Schulorganisation – Rechtsfragen – Zur
Lehrerbildung – Zur Geschichte der Waldorfpädagogik – Zeitschriften

Anmerkungen 105
Anschriften 122

Vorwort zur 9. Auflage

In den sieben Jahren seit dem Erscheinen der letzten Auflage dieses Buches hat sich die Waldorfpädagogik wiederum kräftig weiterentwickelt. Es gibt inzwischen weltweit 870 Waldorfschulen, ca. 1500 Waldorfkindergärten und ca. 450 waldorfpädagogisch orientierte heilpädagogische Einrichtungen (Stand 2003).

Auch in theoretischer Hinsicht sind bemerkenswerte Fortschritte zu verzeichnen. Noch nie sind bisher in einem so kurzen Zeitraum so viele gewichtige grundlagenwissenschaftliche wie pädagogisch-praktisch orientierte Publikationen über die Pädagogik Rudolf Steiners und seiner Schüler erschienen wie in den letzten Jahren. Diese erfreuliche Entwicklung hat bei der Neubearbeitung für die vorliegende 9. Auflage zu beträchtlichen Änderungen und Ergänzungen geführt. Vor allem die kommentierten Literaturhinweise des Buches, die sich für viele Leser als besonders hilfreich erwiesen haben, sind gründlich überarbeitet und auf den neusten Stand gebracht worden.

Witten/Ruhr, im Dezember 2003   J.K.

Vorwort zur 8. Auflage (1997)

Die Waldorfpädagogik befindet sich gegenwärtig in einer Phase des Übergangs. Konnte sie sich bis in die siebziger Jahre hinein in den beschaulichen Verhältnissen historisch gewachsener Freundeskreise bewegen, die von der Lebensart deutschen Bildungsbürgertums und nostalgischen Erinnerungen an den Reformgeist der Jugendbewegung des ersten Jahrhundertdrittels geprägt waren, so muss sie jetzt einer ebenso beunruhigenden wie herausfordernden Öffnung nach «außen» standhalten. Eine starke Expansion durch Neugründungen und Erweiterungen von Waldorfschulen, zusätzlich gefördert durch den Zusammenbruch der Gewaltherrschaft in Mittel- und Osteuropa, hat jüngere Menschen angezogen, die eigene Ideale und Wertvorstellungen mitbringen. Neue Eltern und neue Mitarbeiter sind hinzugekommen, die ihren persönlichen Zugang zu den Besonderheiten der Waldorfpädagogik, zu Rudolf Steiner und seiner Anthroposophie erst noch finden müssen und die mit Recht erwarten, dass sich die bewährte Tradition durch ihre Mitwirkung produktiv weiterentwickelt.

Der dadurch verursachte Nachfragedruck hat in den letzten Jahren dann auch zu einer erheblichen Ausweitung des Informationsangebots der Waldorfschulbewegung geführt.

Die vorliegende Einführung in die Pädagogik Rudolf Steiners ist deshalb für die 8. Auflage wieder bearbeitet und besonders in ihrem Literaturteil wesentlich erweitert und aktualisiert worden.

Witten/Ruhr, im Januar 1997   J. K.

Einleitung

Auf den ersten Blick wahrgenommen, scheint die Pädagogik Rudolf Steiners[1] nicht viel mehr zu sein als eine marginale Variante der allgemein bekannten «Reformpädagogik», wie sie sich aus vielerlei Impulsen einer umfassenden Lebensreform-Bewegung zu Beginn des vorigen Jahrhunderts besonders in Deutschland entwickelt hat.[2] Mag Steiner auch unter die Pioniere der Koedukation, des Einheitsschul-Gedankens, des exemplarischen Lernens nach dem Prinzip des Epochenunterrichts zu rechnen sein, mag er das Lernen mit allen Sinnen, das Lernen durch Kunst und durch praktische Arbeit als einer der Ersten gegen den Widerstand der Tradition vertreten haben, das alles findet sich ähnlich auch bei seinen pädagogischen Nachbarn, bei *Hermann Lietz, Maria Montessori, Célestin Freinet*, in der deutschen Kunsterziehungs- und Arbeitsschulbewegung, in den sozialistischen Hamburger Lebensgemeinschaftsschulen der Weimarer Republik. Worin kann dann heute noch, nahezu hundert Jahre nach ihrer zeitbedingten Begründung, das Besondere und womöglich besonders Aktuelle der Waldorfpädagogik gesehen werden?

Die vorliegende kleine Einführungsschrift, ihrerseits nun schon ein halbes Menschenleben alt und inzwischen vielfach verändert, wie die Waldorfpädagogik selbst auch, versucht eine Antwort auf diese Frage aus der Perspektive eines Schulpraktikers zu geben. Wissenschaftliche Fragestellungen werden dabei am Rande mitberührt, sind aber hier nicht die Hauptsache. Rudolf Steiner hat seine Reformschule als den Versuch einer Antwort auf *Lebensfragen* gedacht. Was er im Sinn hatte, zeigt sich in der zentralen Formel des Festvortrags, den er zur Einweihung des neuen Unternehmens, einer Schule für die Arbeiterkinder der Waldorf-Astoria-Zigarettenfabrik, am 7. September 1919 im Stuttgarter Stadtgartensaal (?) gehalten hat:

> Lebendig *werdende* Wissenschaft!
> Lebendig *werdende* Kunst!
> Lebendig *werdende* Religion!
> Das ist schließlich Erziehung,
> das ist schließlich Unterricht.[3]

Was meinte er mit einer Wissenschaft, mit einer Kunst, mit einer Religion im Prozess des *Werdens*? Doch wohl Vorgänge, die niemals zum dauerhaften Programm, zum ein für alle Mal festgestellten «Curriculum» fixiert werden können. Sondern offene, freie Initiativprozesse, die sich aus dem gemeinsamen Suchen der beteiligten Kinder, Eltern und Lehrer fortwährend neu ergeben.

Selbstverständliche methodische Grundlagen dafür waren für Steiner seine *Philosophie der Freiheit* von 1894, seine Schriften über die phänomenologisch orientierte Erkenntnistheorie *Goethes*, dessen naturwissenschaftliche Schriften er herausgegeben hatte, und die Übungswege der von ihm etwa seit 1902 entwickelten «Anthroposophie». Inhaltlich tritt dabei die große Idee der *Evolution* hervor, die in Deutschland schon mehr als hundert Jahre vorher – im Werk *J. G. Herders* etwa oder bei den Romantikern, auch bei *G. E. Lessing* – eine bedeutende Rolle gespielt hatte, nun aber mit *Darwin* und *Haeckel* handfest greifbar geworden war. Die Lebewesen, die Erde, vielleicht die Welt als Ganzes *entwickeln* sich. Geschieht das womöglich zielgerichtet? Hat es einen tieferen Sinn? Und wenn die Welt der *Lebewesen* sich stufenweise verändert, geschieht etwas Ähnliches womöglich mit dem *Bewusstsein* des Menschen und der Menschheit? Gibt es eine Evolution der Welt und eine darauf bezogene Evolution des menschlichen Seelenlebens? Und kann man eine Pädagogik betreiben, die darauf Rücksicht nimmt, die womöglich sogar mitwirkt bei dieser Evolution?

Angesichts einer staatlich sanktionierten Pädagogik, die sich – aus welchen Gründen auch immer – von solchen Sinnfragen und damit auch vom Sinn des Lernens in der Schule komplett verabschiedet hat, erscheinen solche Fragemöglichkeiten als das wichtigste Spezifikum der Waldorfpädagogik. Die Frage nach dem *Sinn* der Welt, des Lebens, des Lernens wird in dieser Pädagogik nicht ausgegrenzt. Sie steht vielmehr im Mittelpunkt des Interesses.

Ich erlaube mir diesen entschiedenen Hinweis, weil auch im Raum der Waldorfpädagogik, deren Anfänge inzwischen für viele ihrer jüngeren Vertreter in eine schon beinahe fremd anmutende historische Distanz gerückt erscheinen, unterrichtsmethodische, schulorganisatorische oder andere untergeordnete Fragen wichtiger geworden sind und den Ursprungsimpuls gleichgültig werden lassen. In diesem Ursprungsimpuls aber liegt der Kern der Waldorfpädagogik. Was sonst noch im Einzelnen zu sagen ist, hat hierauf Rücksicht zu nehmen.

Die anthroposophischen Grundlagen

Wer die Pädagogik Rudolf Steiners genauer kennen lernen möchte, wird sich zunächst einige Klarheit über die anthroposophische Geisteswissenschaft zu verschaffen haben, der diese Pädagogik zugehört. Dabei findet er sich vor eine doppelte Schwierigkeit gestellt. Zum einen bekommt er es mit einer kaum überschaubaren Fülle weitläufigsten Gedankenmaterials zu tun, das sich ihm auch mit Hilfe der wenigen brauchbaren Gesamtdarstellungen, die es für das eine oder andere Teilgebiet schon gibt, als geordnetes Ganzes nur schwer erschließt, zumal ihm bald aufgeht, dass hier alles mit allem in Korrespondenz gesehen sein will, dass eins das andere trägt und tiefer erhellt, sodass es mit dem Herausgreifen isolierter Sätze nicht getan ist und im Grunde der Ideenzusammenhang der Anthroposophie als Ganzer in ausreichendem Maße begriffen sein muss, ehe über Einzelheiten sachgemäß nachgedacht oder geurteilt werden kann.

Zum anderen wird ihm zugemutet, sich dieses Ideenzusammenhanges auf durchaus ungewohnte Weise zu bemächtigen. Zwar soll er mit der gewohnten kritischen Distanz die Forschungsergebnisse der Geisteswissenschaft Steiners wie andere wissenschaftliche Thesen durchdenken und an der Erfahrung prüfen, zugleich aber soll er einem besonderen Übungsweg folgen, im Sinne der Definition, die Steiner selbst von seiner «Lehre» gegeben hat: «Anthroposophie ist ein Erkenntnisweg, der das Geistige im Menschenwesen zum Geistigen im Weltall führen möchte.»

Es ist offensichtlich, dass ein solcher Anspruch die vielfältigsten Bedenken hervorrufen muss, von grundsätzlichen Einwänden gegen die Möglichkeit einer systematischen Lehre vom Geistigen in dem hier gemeinten Sinne oder gegen die Realisierbarkeit des anthroposophischen Schulungsweges bis zu dem persönlichen Bekenntnis: Das alles mag richtig sein, aber nicht für mich. Solche Bedenken werden in den Einleitungen zu den grundlegenden Schriften der Anthroposophie von Steiner selbst in aller Breite diskutiert, und was er dazu sagt, möge dort nachgelesen werden.

Für den Zweck dieser Einführung genügt es, deutlich zu machen, dass Steiner kein abgeschlossenes weltanschauliches System, keine Ideologie geben, sondern Wege zur eigenen Erfahrung öffnen will.

Jeder Mensch weiß, dass er manche wesentliche Einsicht nicht einer gedanklichen Belehrung, sondern unerwarteten Schicksalsereignissen verdankt, die ihm das Leben oft in drastischer Form, oft auch fast unmerklich und erst mit der Zeit spürbar entgegengetragen hat. Von solchen Erfahrungen kann man sich überfallen lassen; man kann sie aber auch durch eine entsprechend orientierte Lebensführung bewusst suchen. Alle Kulturkreise haben Schulungsanweisungen für eine solche Lebensführung gekannt. Bei uns sind seit einiger Zeit die Methoden Indiens und des Fernen Ostens besonders im Gespräch. Doch auch den Überlieferungen der antiken Mysterienschulen und der Meditationspraxis des christlichen Abendlandes wird Interesse entgegengebracht. Steiners Anthroposophie knüpft – bei aller Eigenständigkeit – an diese traditionellen Wege an. Sie hat mit ihnen gemeinsam, dass sie einen Erkenntnisfortschritt nicht so sehr von einer Erweiterung des unmittelbaren Wissens erwartet als vielmehr von einer umfassenden Selbsterziehung des Erkenntnissuchers. Für eine solche Selbsterziehung stellt sie zeitgemäße, der gegenwärtigen Bewusstseinslage unseres Kulturkreises angemessene Methoden bereit, und das anthroposophische Schrifttum ist ein Hilfsmittel für die individuelle Realisierung dieser Methoden. Steiners Hinweise und Anregungen auf den verschiedensten Erkenntnisfeldern, darunter dem der Pädagogik, sind keine Lehrsätze oder Dogmen, auch wenn sie gelegentlich wie solche vorgebracht werden. Sie lassen sich nur als Wegzeichen auf dem schwierigen Pfade der persönlichen Lebensgestaltung, für die verbalisiertes Wissen nur ein vorläufig benutztes Werkzeug und nicht Selbstzweck sein kann, angemessen begreifen.

Um die Ausbildung neuer Erfahrungsfähigkeiten geht es Steiner auch im Bereich des künstlerischen Schaffens. Wir können den faszinierenden Vorgang seines Forschens nach den Elementen der Gestaltungsvorgänge einer jeden Kunst, der etwa gleichzeitig mit den Versuchen des Blauen Reiters und des Bauhauses einsetzt und in der Vollendung des ersten Goetheanum-Baues seinen deutlichsten Ausdruck findet, mit Hilfe einer Reihe guter Publikationen inzwischen weitgehend überschauen. Die Erlebnisberichte der Dornacher Künstler und was an Skizzen, Modellen und anderen Erinnerungsstücken aus einer turbulenten Aufbauzeit im Umkreis des Goetheanums, des Zentralbaus der *Freien Hochschule für Geisteswissenschaft* in Dornach bei Basel, studiert werden kann, machen zusammen mit diesen Darstellungen erst jetzt den ganzen Umfang der künstlerischen Genialität des Begründers der Waldorfpädagogik sichtbar. Die Waldorfschulen haben für die Gestaltung ihrer Bauten, für die Methodik der musischen Fächer, für ihre therapeutischen Bemühungen, aber auch für den theoretischen Unterricht und ihren gesamten Lebensstil viel aus dieser Quelle geschöpft, und die pädagogische Assimilation der von Steiner gefundenen Möglichkeiten künstlerischen Gestaltens hat erst begonnen.

Wiederum Ähnliches ließe sich für Steiners Entdeckungen auf dem Gebiet des sozialen Lebens sagen. Die «Dreigliederung des sozialen Organismus», für die er gegen Ende des Ersten Weltkrieges eintrat und als deren erste greifbare Wirkung sich die Waldorfpädagogik verstehen darf, ist keine Utopie, keine fertige Konstruktion, nach der die Einrichtungen des sozialen Lebens im Voraus fixiert wären; sie ist wie jede andere anthroposophische Methode ein «Erkenntnisweg», der den Einzelnen befähigen soll, die besonderen Gegebenheiten seines Lebenskreises unbefangen wahrzunehmen und entsprechend seiner frei gewonnenen Erfahrung auf eine Änderung der bestehenden Verhältnisse hinzuwirken. Wenn die Waldorfschulen sich immer deutlicher als kooperative Schulen und als Keimzellen eines befreiten Kultur- und Geisteslebens erweisen, so verdanken sie die Möglichkeit dazu der anthroposophischen Soziallehre.

Erziehen als Kunst

Wenn Steiner von der «Kunst des Erziehens» redet, so meint er nicht den verschwommenen Begriff, der die Tätigkeit des gediegenen Handwerkers oder ein freies, musisch getöntes Schöpfertum zum Inhalt hat, sondern eine sehr bestimmte, in seiner Weltanschauung tief verankerte Schlüssel-Idee, um die er sein Leben lang in immer neuen Versuchen gerungen hat.

Noch unter dem Einfluss seines Lehrers, des Goetheforschers *Karl Julius Schröer*, hält er im Jahre 1888 im Wiener Goethe-Verein einen Vortrag über «Goethe als Vater einer neuen Ästhetik».[4] Kerngedanke dieses frühen Versuchs ist die in Anknüpfung an Schillers «Briefe über die ästhetische Erziehung des Menschen» vorgetragene Meinung, weder in bloßer Nachahmung der Natur noch im Verkörpern eines Geistigen, Übersinnlichen könne das Ziel wahrer Kunst liegen, sondern allein im «Umgestalten des Sinnlich-Tatsächlichen».

«Das Wirkliche soll nicht zum Ausdrucksmittel herabsinken: nein, es soll in seiner vollen Selbstständigkeit bestehen bleiben; nur soll es eine neue Gestalt bekommen, eine Gestalt, in der es uns befriedigt. Indem wir irgendein Einzelwesen aus dem Kreise seiner Umgebung herausheben und es in dieser gesonderten Stellung vor unser Auge stellen, wird uns daran sogleich vieles unbegreiflich erscheinen. Wir können es mit dem Begriffe, mit der Idee, die wir ihm notwendig zugrunde legen müssen, nicht in Einklang bringen. Seine Bildung in der Wirklichkeit ist eben nicht nur die Folge seiner eigenen Gesetzlichkeit, sondern es ist die angrenzende Wirklichkeit unmittelbar mitbestimmend. Hätte das Ding sich unabhängig und frei, unbeeinflusst von anderen Dingen entwickeln können, dann nur lebte es seine eigene Idee dar. Diese dem Dinge zugrunde liegende, aber in der Wirklichkeit in freier Entfaltung gestörte Idee muss der Künstler ergreifen und sie zur Entwickelung bringen. Er muss in dem Objekte den Punkt finden, aus dem sich ein Gegenstand in seiner vollkommensten Gestalt entwickeln lässt, in der er sich aber in der Natur selbst nicht entwickeln kann.»[5]

Damit ist in keimhafter Allgemeinheit auch schon der Ansatz der anthroposophischen Erziehungskunst bezeichnet. Es geht nicht darum, empirisch oder spekulativ gewonnene Grundsätze irgendwelcher Art im Erziehungsgeschehen «anzuwenden». Jeweils ganz neu, aus dem lebendigen Miteinander der Erzieherpersönlichkeit und ihrer Zöglinge in einmaligen, unwiederholbaren Situationen soll mit schöpferischer Beobachtungsgabe pädagogisch gestaltet werden, wie es die Besonderheit der beteiligten Individualitäten und ihrer Lebensverhältnisse verlangt. Ebenso wenig – diesen Vergleich gebraucht Steiner des Öfteren – wie man durch das Studium eines Ästhetikbuches Maler werden kann, wird man durch bloße Wissenschaft zum Erzieher.

Nun hat aber Steiner in seinen anthroposophischen Schriften und Vorträgen eine Fülle von Aussagen über die menschliche Natur, über die Entwicklung des Kindes, über soziale Verhältnisse zwischen Menschen und die daraus abzuleitenden pädagogischen Konsequenzen vorgebracht – eine umfangreiche Theorie des Erziehens eigener Art, und die Vertreter der Waldorfpädagogik müssen sich immer wieder sagen lassen, sie seien abhängig von einem «metaphysisch» begründeten Lehrsystem, das ihnen ihr Handeln in allen Einzelheiten dogmatisch vorschreibe. Wir lösen diese Widersprüchlichkeit und das ihr entspringende Missverständnis am leichtesten auf, indem wir verfolgen, in welchen Schritten sich Steiners pädagogische Menschenkunde entwickelt hat.[6] Steiner spricht in seinen grundlegenden anthroposophischen Schriften immer wieder von meditativen Übungen. Er hat in seiner Selbstbiographie *Mein Lebensgang* über seine spontane Entdeckung des Meditierens als eines Mittels der Selbsterziehung berichtet: «Ich erkannte im *seelischen Erleben* das Wesen der Meditation (…). Das errungene Seelenleben brauchte die Meditation, wie der Organismus auf einer gewissen Stufe seiner Entwickelung die Lungenatmung braucht.»[7]

Bei dieser Entdeckung befand sich Steiner im sechsunddreißigsten Lebensjahr, kurz vor der Übersiedelung von Weimar nach Berlin. Der ethische Individualismus, den er vor allem in seiner *Philosophie der Freiheit* von 1894 vertreten hatte, sah sich den chaotischen sozialen Verhältnissen der damals in unerhörtem Tempo wachsenden Großstadt konfrontiert. Die in stiller meditativer Arbeit errungenen Erkenntnisbilder vom Wesen des Menschen, die jetzt mit zunehmender Deutlichkeit fassbar wurden, konnten vielleicht ein Heilmittel sein gegen die Verheerungen, die ein positivistisch reduziertes Menschenbild in den Seelen der Zeitgenossen und in ihren Lebensbedingungen angerichtet hatte. So sprechen die frühen anthroposophischen Schriften der Jahre 1902 bis 1909 von der Möglichkeit einer mystischen Christuserfahrung, von «übersinnlich» wahrnehmbaren «Leibern» des Menschen, von Wiederverkörperung und Schicksal (Karma) und von Methoden geduldigen Übens, mit deren Hilfe neue Fähigkeiten des Menschen im Umgang mit sich selbst und mit der Welt entfaltet werden können. Diese Dinge scheinen zunächst nur sehr indirekt mit Fragen des Erziehens zu tun zu haben. Sie betreffen vor allem den Erzieher selber als suchenden, fragenden Menschen.

In den Jahren 1906/07 erscheint dann in Vorträgen über *Die Erziehung des Kindes vom Gesichtspunkte der Geisteswissenschaft* ein erster fundamentaler Beitrag Steiners zur pädagogischen Anthropologie. Worum handelt es sich dabei? Den ausführlicheren Gedankengang seines Buches *Theosophie* (GA 9) aufgreifend, beschreibt Steiner das anthroposophische Bild vom Menschen als einer viergliedrigen Wesenheit. Außer dem *physischen Leib* schildert er als den Träger der Lebensprozesse, des Wachstums und der Fortpflanzung den *Lebens-* oder *Bildekräfteleib* (auch *Ätherleib*), als Träger des seelischen Lebens den *Empfindungs-* oder *Astralleib*, als den individuellen Wesenskern jedes einzelnen Menschen das *Ich*. (Anschaulich wird diese Gliederung, wenn man ihren Zusammenhang mit den Naturreichen ins Auge fasst: Physisch ist die Welt des Mineralischen; ätherisch belebt ist die Pflanzenwelt; empfindendes Seelenleben regt sich in der Tierwelt; durch Individualität ausgezeichnet ist allein der Mensch.) Nun werden aber – und das ist die erste grundlegende pädagogische Einsicht Steiners – die vier Wesensglieder nicht gleichzeitig «geboren». Nur der physische Leib löst sich zunächst aus der mütterlichen Hülle. Der Bildekräfteleib wird erst mit dem Zahnwechsel «frei», der Seelenleib erst mit der Geschlechtsreife. Steiner beschreibt in dem Vortrag von 1907 an Beispielen, was das für eine gesunde, den einzelnen Entwicklungsstadien gemäße Erziehung bedeutet. Erst viel später, im Jahre 1924, gelangt er dazu, diese ersten, gleichsam nur illustrierenden Beobachtungen in gesetzmäßigem Zusammenhang zu begreifen. In einem Satz formuliert, heißt seine große pädagogisch-anthropologische Entdeckung: *Jedes Wesensglied des Kindes wird vom nächst höheren Wesensglied des Erziehers erzogen.*[8]

Dieses *Gesetz der Wesensgliederwirkungen*, wie wir es nennen möchten, ist in mehrfacher Hinsicht von entscheidender Bedeutung für ein sachgemäßes Verstehen der Pädagogik Steiners. Zunächst vermittelt es einen übergreifenden Gesichtspunkt für die praktische Realisierung der *drei unterschiedlichen Weisen des Erziehens*, die Steiner schon 1906/07 aus seiner Beobachtung des stufenweisen Freiwerdens der Wesensglieder ableitet. Bis zum Zahnwechsel, also in der Regel bis zum Ende des ersten Jahrsiebts, soll das Kind durch «Nachahmung» lernen. «Vor dem Zahnwechsel ist das Kind ein rein nachahmendes Wesen im umfassendsten Sinne. Seine Erziehung kann nur darinnen bestehen, dass die Menschen seiner Umgebung ihm das vormachen, was es nachahmen soll.»[9]

Der Erzieher des ersten Jahrsiebts wirkt noch gar nicht durch Belehrung, sondern durch die Konstitution seines eigenen Bildekräfteleibes auf das Kind ein. Er kommt der «naturhaften Religiosität»[10], der selbstverständlichen Offenheit und Zutraulichkeit, die das kleine Kind allen Dingen und Wesen der Welt gegenüber empfindet, durch die übende Pflege seiner eigenen Gewohnheiten, seines eigenen Temperaments, seiner Charaktereigenschaften im Sinne anthroposophischer Selbsterziehung entgegen, in der Zuversicht, dass solche Bemühungen, die den Bildekräfteleib verändern, dem physischen Leib des «nachahmenden» Kindes das notwendige «Vorbild» geben. Für die Waldorfkindergärtnerin ist das Kind des ersten Jahrsiebts kein unfertiges Wesen, dem sie Verhaltensmuster und einige erste Informationen einzuprägen hat. Sie weiß, dass ihr eine Individualität anvertraut ist, die verborgene Schicksalsanlagen als die Frucht vieler Erdenleben in sich trägt. (Auch wer die Reinkarnationslehre der Anthroposophie ablehnt, wird die Achtung vor der Individualität des Kindes, die darin liegt, berechtigt finden können.) Was Steiner über die Spätwirkungen eines ungezügelten Erziehertemperaments sagt,[11] wird ihren Blick auf das Ganze des künftigen Lebenslaufs der Zöglinge lenken und ihr Verantwortungsgefühl in hohem Maße steigern. Sie ist sich bewusst, dass ihr Verhalten bis in feinste moralische Regungen hinein vom Kinde naturhaft-gläubig «nachgeahmt» wird und die Entfaltung seiner physischen Organe nachhaltig beeinflusst. So wird es ihr leicht fallen, jene Stimmung der warmen Geborgenheit zu wecken, die Steiner als wichtigsten Erziehungsfaktor für das frühe Kindesalter herausstellt. «Zu den Kräften, welche bildsam auf die physischen Organe wirken, gehört also Freude an und mit der Umgebung. Heitere Mienen der Erzieher, und vor allem redliche, keine erzwungene Liebe. Solche Liebe, welche die physische Umgebung gleichsam warm durchströmt, brütet im wahren Sinne des Wortes die Formen der physischen Organe aus.»[12]

Ihre Ausbildung in den musischen Disziplinen der Waldorfschule hat der Waldorfkindergärtnerin vielfältige Anregungen für die künstlerische Bereicherung ihrer Arbeit mitgegeben. Sie hat gelernt, Märchen zu erzählen oder mit den Kindern zu dramatisieren, mit Wasserfarben und Knetwachs umzugehen, die therapeutischen Wirkungen des Leierspiels sinnvoll einzusetzen,[13] Handpuppen oder Marionetten zu führen, und sie beherrscht die hohe Kunst, Kinder zum freien Spiel anzuregen.

Das dafür verwendete Material soll einfach und echt sein, nichts speziell für den Kindergarten Ausgedachtes, sondern Gerätschaften des häuslichen Lebens, wie Bänke, Eimer, Besenstiele, Kochlöffel, Tücher, Decken, Wäscheklammern, oder Naturprodukte: Kastanien und Tannenzapfen, Holzabfälle, Stöcke und Wurzeln, Wachs, Sand, Stroh, Muscheln, Steine und dergleichen. (Steiner befindet sich in diesem Punkt in auffallendem Gegensatz zu *Fröbel* und *Montessori*.) Dadurch wird nicht nur ein Gefühl für die Schönheit organischer Materialien gewonnen, das im Zeitalter der Kunststoffe ganz verloren zu gehen droht. Ebenso kommt es darauf an, «sinnvolle Sachen mit möglichst ungeschlachten Dingen»[14] herzustellen, Sachen also, die erst durch die Fantasiekraft des Kindes zum vollendeten Gegenstand werden, deren Erschaffung sich im Spiel fortsetzt. «Man kann einem Kinde eine Puppe machen, indem man eine alte Serviette zusammenwindet, aus zwei Zipfeln Beine, aus zwei anderen Zipfeln Arme fabriziert, aus einem Knoten den Kopf und dann mit Tintenklecksen Augen und Nase und Mund malt. (…) Wenn das Kind die zusammengewickelte Serviette vor sich hat, so muss es sich aus seiner Fantasie heraus das ergänzen, was das Ding als Mensch erscheinen lässt. Diese Arbeit der Fantasie wirkt bildend auf die Formen des Gehirns. Dieses schließt sich auf, wie sich die Muskeln der Hand aufschließen durch die ihnen angemessene Arbeit.»[15]

Schließlich wird es ganz im Sinne der Waldorfschule darauf ankommen, die bildende Kraft zeitlicher Rhythmen für die Kindergartenarbeit einzusetzen. Zeiten des freien Spiels, in denen sich die Kinder mit ihrem Lieblingsspielzeug allein oder gruppenweise in die Ecken und Winkel ihres Raumes einnisten können, wechseln in geregelter Folge mit Zeiten des gelenkten Spiels und des stillen, besinnlichen Zuhörens und mit dem Spiel im Garten oder sonst in freier Natur. Einmal in der Woche ist «Maltag», ein andermal geht es in einen besonderen Saal zur Eurythmie. Eindringliche Zeiterlebnisse bringen die großen Jahresfeste und ihre Vorbereitung mit sich: Ostern mit seinem Reichtum an Entdeckungen in der erwachenden Natur, Johanni als Fest der Sonne und der Elemente, Michaeli als Fest des Aufwachens gegenüber den Verfallstendenzen der Natur, des Kampfes gegen den Drachen, Weihnachten schließlich mit seiner ganzen Fülle froher Erwartungen in der Adventszeit.

Zwischen Zahnwechsel und Geschlechtsreife, während des zweiten Jahrsiebts, gilt das Leitprinzip der «selbstverständlichen Autorität» des Erziehers. «Man kann (in diesem Alter – Anm. d. Verf.) nicht auf die Verstandesbeurteilung des Kindes bauen, sondern man muss durchschauen, wie das Kind annehmen will, was ihm als wahr, gut, schön entgegentritt, weil es sieht, dass sein vorbildlicher Erzieher dies für wahr, gut, schön hält.»[16]

Der jetzt erst freigewordene Ätherleib des Kindes ist nach der Psychologie Steiners Träger der Neigungen und Gewohnheiten, des Gewissens, des Charakters, des Gedächtnisses. Bis zum Zahnwechsel war er noch ganz von den Aufbauprozessen des physischen Leibes in Anspruch genommen. Jetzt beginnt er ein davon unabhängiges Leben zu entfalten. Das Kind wird schulreif. Aber es hat noch längst nicht die notwendige Reife für begriffliches Denken im Sinne einer objektivierenden, wertfreien Wissenschaftlichkeit.[17] Es ist noch auf die seelische Lebendigkeit angewiesen, durch die ihm der geliebte Lehrer mit der Persönlichkeitskraft seines eigenen Empfindens die Welt *erschließt*. Der «Empfindungsleib» des Lehrers wirkt auf den Ätherleib des Kindes «durch Bilder, durch Beispiele, durch geregeltes Lenken der Fantasie». «Das Sinnvolle, das durch das Bild und Gleichnis wirkt, ist jetzt am Platze. Der Ätherleib entwickelt seine Kraft, wenn eine geregelte Fantasie sich richten kann nach dem, was sie sich an den lebenden oder dem Geiste vermittelten Bildern und Gleichnissen enträtseln und zu einer Richtschnur nehmen kann. (…) Begriffe sind nur eines der Mittel, um die Dinge dieser Welt zu verstehen. Und nur der materialistischen Gesinnung erscheinen sie als das einzige.»[18]

Erst nach der Pubertät, im dritten Jahrsiebt, hat die Entwicklung eines selbstständigen Urteils und des Abstraktionsvermögens ihren Platz. «Um reif zum Denken zu sein, muss man sich die Achtung vor dem angeeignet haben was andere gedacht haben.»[19]

Jetzt erst wird der Erzieher zum eigentlichen Lehrer. Er verwandelt die Welt nicht mehr in Bilder, sondern führt unmittelbar an die Realität heran. Wichtig ist es, dass er sich dabei nicht hinter fremden Autoritäten versteckt, wie sie heute im Bildungswesen überall regieren. Curricula, Schulbücher, Lernzielkataloge, die Autorität «der Wissenschaft» können niemals ersetzen, was der Lehrer als selbstständig suchende und urteilende Person, als «Ich» im Sinne der Steinerschen

Freiheitsphilosophie, vor seinen Schülern darlegt. An diesem Ich erwacht das umfassende Weltinteresse und korrigieren sich die Entwicklungsschwierigkeiten der eben zum Bewusstsein ihrer Eigenheit erwachten jugendlichen Seele.

Einen weiteren grundlegenden pädagogisch-anthropologischen Begriffszusammenhang erschließt Steiner im Jahre 1917 mit seinem Buch *Von Seelenrätseln* (GA 21). Nach der damals wie heute nahezu unangefochten geltenden wissenschaftlichen Lehrmeinung beruht unser gesamtes Seelenleben auf Funktionen des Nervensystems. Steiner zeigt dagegen in jener Schrift, dass nur die Prozesse des Wahrnehmens und Vorstellens sich auf die leibliche Grundlage des Gehirns und der Nerven stützen, dass unser *Empfindungsleben* von den *rhythmischen* Prozessen des Leibes, insbesondere vom Atemrhythmus, getragen wird und unser *Willensleben* von Prozessen des *Stoffwechsels.* «*Der Leib als Ganzes,* nicht bloß die in ihm eingeschlossene Nerventätigkeit ist physische Grundlage des Seelenlebens. Und wie das Letztere für das gewöhnliche Bewusstsein sich umschreiben lässt durch Vorstellen, Fühlen und Wollen, so das leibliche Leben durch Nerventätigkeit, rhythmisches Geschehen und Stoffwechselvorgänge.»[20]

Mit dieser Einsicht überwindet Steiner die einseitige Fixierung des modernen Erziehungswesens auf kognitive Vorgänge. Er stellt die Pädagogik wieder vom Kopf auf die Füße.

Von ähnlicher Bedeutung ist die an gleicher Stelle skizzierte Idee einer «vollständigen» *Sinneslehre.* Die klassischen fünf Sinne waren auch früher schon durch andere Sinne, etwa den Gleichgewichts- und den Temperatursinn, ergänzt worden. Steiner zeigt nun in seinem Buch *Von Seelenrätseln,* dass sich das Spektrum der Sinne nach zwei Seiten erweitern lässt: nach «unten» durch Sinne, in denen das eigene körperliche Sein mitempfunden wird und die eine enge Beziehung zum Willensleben haben (Steiner nennt sie auch die «Willenssinne»), nach «oben» durch die «Erkenntnissinne»[21], die insbesondere die sinnliche Wahrnehmung der Äußerungen anderer Menschen vermitteln. So unterscheidet Steiner: «den Sinn für die ‹Ich-Wahrnehmung› des anderen Menschen; den Sinn für ‹Gedanken-Erfassung›; den Sinn für ‹Vernehmen von Worten›; den Gehörsinn; den Wärmesinn; den Sehsinn; den Geschmacksinn; den Geruchsinn; den Gleichgewichtssinn (das wahrnehmende Erleben des sich in einer gewissen Gleichgewichtslage-Befindens gegenüber der Außenwelt); den Bewegungssinn (das wahrnehmende Erleben der Ruhe und Bewegung der eigenen Glieder einerseits, oder des Ruhens oder sich Bewegens gegenüber der Außenwelt andrerseits); den Lebenssinn (das Erleben der Verfassung im Organismus; Gefühl von dem subjektiven Sich-Befinden); den Tastsinn.»[22]

Mit den «unteren» Sinnen erfahren wir, was im Inneren unseres Leibes vor sich geht, innerhalb der Haut; mit den «oberen» Sinnen versetzen wir uns in das Innere unserer Mitmenschen. Die vier «mittleren» Sinne verschaffen uns Eindrücke aus der uns allen gemeinsamen *Umgebung*. Man könnte sie – was Steiner noch nicht tat – als «atmosphärische» Sinne bezeichnen. Sekundär können sich die «unteren» oder «Leibes»-Sinne auch durch die Organe anderer Sinne betätigen, besonders durch die Augen. Wo dies geschieht, nehmen wir die Welt körperlich-dinghaft wahr. Statt des wechselnden Spiels der Licht- und Farbeindrücke, die der Seh-Sinn als solcher auffasst, sehen wir die Welt der festen Dinge, mit denen wir im Alltag zu tun haben.

Durch das Zusammenwirken von mindestens *zweien* dieser zwölf Sinne entsteht nach Steiner das Gefühl der Realität eines Wahrnehmungsgegenstandes. Damit wird die seit *Descartes* und *Locke* in der Sinnesphysiologie herrschende, pädagogisch so verhängnisvolle Unterscheidung von primären und sekundären Sinnesqualitäten, die Steiner schon in seiner *Philosophie der Freiheit* als logisch unhaltbar kritisiert hatte,[23] durch eine Auffassung ersetzt, die jedem der Sinne gleiches Recht gibt. Steiner befreit die Pädagogik von der irrtümlichen Vorstellung, den Wahrnehmungen des Tast-, des Eigenbewegungs- und des Gleichgewichtssinnes komme mehr «Realität» zu als etwa den Farben, den Tönen oder anderen höheren Sinneswahrnehmungen. Die stumme, kalte und dunkle Wirklichkeit «jenseits» des subjektiven Erlebens, an die eine positivistisch orientierte Physik so lange geglaubt hat, erweist sich als reduktionistische Fiktion, ein Artefakt aus Wahrnehmungselementen der «unteren» Sinne, die primär der Erfahrung des eigenen Leibes dienen.[24] Wir dürfen wieder ernst nehmen, was uns *die Sinne in ihrer Gesamtheit* sagen, und unseren Kindern davon erzählen. Die Sinneslehre Steiners darf, neben seiner Lehre von der Dreigliederung der seelischen Funktionen in ihrer Abhängigkeit von den Leibesfunktionen, als ein Kernstück seiner pädagogischen Anthropologie gelten. Sie ist inzwischen durch seine Schüler weiterentwickelt worden und hat sich besonders im Bereich der Heilpädagogik als fruchtbar erwiesen.[25]

Mit der Begründung der Waldorfschule im Herbst 1919 wird Steiner in die Lage versetzt, die Wesensgliederlehre ebenso wie die Entdeckungen des Buches *Von Seelenrätseln* mit Bezug auf die pädagogische Praxis zu erweitern. Das geschieht vor allem in der Vortragsreihe *Allgemeine Menschenkunde als Grundlage der Pädagogik* (GA 293) und den begleitenden methodisch-didaktischen Kursen (GA 294 und 295), in den Lehrerkursen der anschließenden Jahre (GA 302 und 302a) und in den Konferenzen mit dem Lehrerkollegium (GA 300). Dabei wird zugleich deutlicher, welchen Bezug nach der Auffassung Steiners seine pädagogische Anthropologie als theoretisches Begriffsgefüge zur pädagogischen Praxis haben soll.

Wir kehren damit zu unserer einleitenden Frage nach dem Verhältnis von «Wissenschaft» und «Kunst» des Erziehens zurück. Steiner hat diese Frage zunächst durchaus nicht eindeutig im Sinne seiner frühen Ästhetik beantwortet. Noch im Jahre 1907 scheint «Erziehungskunst» für ihn im Wesentlichen angewandte Wissenschaft im durchaus technizistischen Sinne zu sein. «Nicht allgemeine Redensarten, wie etwa ‹harmonische Ausbildung aller Kräfte und Anlagen› und dergleichen, können die Grundlage einer echten Erziehungskunst sein, sondern nur auf einer wirklichen Erkenntnis der menschlichen Wesenheit kann eine solche aufgebaut werden. Es soll nicht etwa behauptet werden, dass die angedeuteten Redensarten unrichtig wären, sondern nur, dass sich mit ihnen ebenso wenig anfangen lässt, wie wenn man etwa einer Maschine gegenüber behaupten wollte, man müsse alle ihre Teile harmonisch in Wirksamkeit bringen. Nur wer nicht mit allgemeinen Redensarten, sondern mit wirklicher Kenntnis der Maschine im Einzelnen an sie herantritt, kann sie handhaben. So handelt es sich auch für die Erziehungskunst um eine Kenntnis der Glieder der menschlichen Wesenheit und deren Entwicklung im Einzelnen. (…) Man muss wissen, auf welchen Teil der menschlichen Wesenheit man in einem bestimmten Lebensalter einzuwirken hat, und wie solche Einwirkung sachgemäß geschieht.»[26]

Spätestens mit der einleitenden wissenschaftstheoretischen Betrachtung in *Von Seelenrätseln* wird diese provozierend gemeinte metaphorische Überspitzung zugunsten einer differenzierteren, wenn auch abstrakteren Fassung des Problems aufgegeben. Steiner stellt dort seine «Anthroposophie» als Wissenschaft vom «Geistigen» der von Sinnesdaten ausgehenden Wissenschaft, die er hier als «Anthropologie» bezeichnet, gegenüber. Beide Wissenschaftsrichtungen, so führt er aus, können und sollen sich miteinander verständigen. Sie begegnen einander im Bereich der «Grenzvorstellungen», die der anthropologisch Forschende dort antrifft, wo ihn der diskursive Begriff nicht mehr weiterführt, aus denen andererseits der Anthroposoph in meditativer Übung die Möglichkeit gewinnt, einen jenseits des Begriffs erfahrbaren Bereich übersinnlichen «Schauens» zu erreichen. Der Anthroposoph kann die durch vorurteilsfreie empirische Forschung gewonnenen Einsichten nicht durch geistiges «Schauen» ersetzen. Der «Anthropologe» kann verstehen lernen, dass sich «übersinnliche» Erfahrungen nur in Vergleichen und Bildern, nur symbolisch ausdrücken lassen, dass aber eine rationale Beschreibung des *Weges* zu diesen Erfahrungen möglich und berechtigt ist.[27]

Daraus ergibt sich unserer Ansicht nach für das Verständnis des Theorie-Praxis-Problems in der Pädagogik Steiners zweierlei. Zum einen besteht für den Vertreter der Waldorfpädagogik kein Anlass, die Ergebnisse philosophisch-anthropologischer oder empirischer pädagogischer Forschung zugunsten «höherer Weisheit» zu missachten oder gering zu schätzen. Er wird sich, wenn er selbstkritisch und methodisch bewusst arbeiten will, solcher Ergebnisse dankbar bedienen. Deswegen besteht zugleich für die Wissenschaft von der Pädagogik kein Grund zu der Annahme, die Pädagogik Steiners sei aus sich heraus irrational oder wissenschaftsfeindlich. Das Gegenteil ist richtig.

Zum anderen zeigt Steiners Erörterung im ersten Teil des Buches *Von Seelenrätseln* dem Waldorfpädagogen ebenso wie dem um Verständnis bemühten fern stehenden Betrachter, welche besondere Funktion die Begriffsbilder der anthroposophischen Menschenkunde für die Erziehungspraxis haben. Vom wissenschaftlichen Begriff im Sinne der «Anthropologie» erwarten wir, dass er die Wirklichkeit in möglichst objektiver, in allgemein gültiger Weise überprüfbarer oder nachvollziehbarer Form *abbilde*. Ob wir das so gewonnene Bild in Regeln umsetzen, ob wir es als Beispiel auf uns wirken lassen oder Kriterien für die Beurteilung des eigenen Handelns daraus ableiten: es bleibt für uns ein vom persönlichen Handeln abgezogener, uns selbst und unsere augenblickliche praktische Lage nur noch sehr indirekt betreffender Tatbestand. Anders die anthroposophischen Begriffe. Ein – wenn wir dieses nicht ganz unmissverständliche Wort hier verwenden dürfen – «symbolisches»[28] Begriffsgefüge der anthroposophischen «Geisteswissenschaft» ist als bloßes *Abbild* unbefriedigend. Seine der klaren Definition widerstrebende «Lebendigkeit», seine fließend bewegte Unabgeschlossenheit und Vielseitigkeit sind dem wissenschaftlichen Denken ärgerlich. Erst in der individuell übenden Verifizierung ihrer Begriffsbilder auf dem Wege meditativer *Besinnung* gewinnt die pädagogische Menschenkunde Steiners ihre eigentliche Realität. «Meditativ *erarbeitete* Menschenkunde» will sie sein.[29] Als solche wird sie ein Wissen, das nicht nur gleichsam von außen in die Praxis eingreift, sondern in der unmittelbar gegebenen praktischen Situation zum Organ unbefangener, in höherem Sinne «naiver» Tätigkeit werden kann. «Ein im Leben webendes Wissen vom Menschen nimmt das Wesen des Kindes auf, wie das Auge die Farbe aufnimmt.»[30]

Was Steiner mit solchen Sätzen meint, hat auch die Lehrerschaft der Waldorfschulen noch längst nicht voll verstanden. Aber man sollte ihr zugestehen, dass sie in der übenden Bemühung um das Verständnis anthroposophischer Begriffe mehr Leben hat, als ihr die Abbild-Begriffe der empirischen «Anthropologie» allein, so notwendig und nützlich sie sind, jemals geben könnten.

Unterricht nach dem Waldorf-Lehrplan

Steiners anthroposophische Menschenkunde zielt, wie wir gesehen haben, auf die lebendige pädagogische Situation, die durch allgemein gültige Theorie nur erhellt oder kontrolliert, aber nicht herbeigeführt oder geleitet werden kann. Aus der besonderen Situation eines bestimmten Lehrers und seiner Schüler soll Tag für Tag, Stunde für Stunde das notwendige Neue zur Welt gebracht werden. Es versteht sich, dass dieses Ideal auch in der Waldorfschule keineswegs uneingeschränkt erfüllt werden kann. Aber es wird mit aller nur möglichen Konsequenz angestrebt, und schon dadurch wirkt es. Jeder Waldorflehrer lernt bewusst mit der Erfahrung arbeiten, dass die gelungensten Unterrichtsstunden sehr oft solche sind, die seiner mühevollen Vorbereitung stofflich in keiner Weise entsprechen, und er betrachtet keine Stunde als befriedigend, in der ihm nicht zusammen mit seinen Schülern etwas eingefallen oder aufgefallen ist, was keiner der Beteiligten vorher erwartet hat.

Einige Bemerkungen zur Methode des Unterrichts, die sich besonders in den Stuttgarter Lehrerkursen Steiners und den zugehörigen Konferenzen finden, mögen das Gemeinte noch ein wenig illustrieren. Da wird gesagt, der Lehrer solle den «rechten Pulsschlag zwischen dem bloßen Zuhören und dem Selbstarbeiten des Kindes» abspüren lernen.[31] Er müsse imstande sein, das Zusammenspiel der plastischen Kräfte im Kinde mit den sprachlich-musikalischen Kräften wahrzunehmen und zu leiten.[32] Oder er habe sich ein Gefühl für Stimmungen anzueignen, für den Wechsel von bedrückendem, tragischem Ernst und befreiendem Humor, und eine gelungene Unterrichtsstunde habe wenigstens einmal in jedes dieser beiden Extreme des Empfindens hineinzuführen. «Es braucht nicht zum Lachen zu kommen; sie müssen innerlich lustig sein (…); sie brauchen nicht zu flennen, aber sie müssen in sich gehen.»[33]

Durch solche Hinweise werden Imponderabilien des Unterrichts, auf die gegenüber dem Lernstoff oft so wenig Aufmerksamkeit verwendet wird, zunehmend verfügbar: Ein lebendiger, in unaufhörlicher Fluktuation befindlicher Strom pädagogischen «Materials», das der Lehrer mit künstlerischem Einfühlungsvermögen gestalten lernen kann.

Eine besonders geniale Anregung dieser Art betrifft das Umgehen mit den Temperamenten einer Schulklasse. Steiner schlägt vor, die Schüler den vier Temperamenten zuzuordnen und im Unterricht entsprechend zu gruppieren.[34] Dafür gibt er als Beurteilungshilfe, nachdem er die einzelnen Temperamente kurz charakterisiert hat, eine Zuordnung zu den Kategorien «Stärke» und «Erregbarkeit» mit dem Schema:

wenig Erregbarkeit, viel Stärke
beim melancholischen Temperament

Stärke und Erregbarkeit	*Stärke und Erregbarkeit*
am geringsten	*am größten beim*
beim phlegmatischen Temperament	*cholerischen Temperament*

viel Erregbarkeit, wenig Stärke
beim sanguinischen Temperament

Auch die Körperform hat mit dem Temperament zu tun: «Die melancholischen Kinder sind in der Regel schlank und dünn; die sanguinischen sind die normalsten; die, welche die Schultern mehr heraus haben, sind die phlegmatischen Kinder; die den untersetzten Bau haben, sodass der Kopf beinah untersinkt im Körper, sind die cholerischen Kinder.»[35] Schließlich sagen auch die ins Krankhafte gesteigerten Extremformen etwas über das Wesen der Temperamente aus: Melancholie kann in «Wahnsinn» ausarten, Phlegma in «Schwachsinn», das sanguinische Temperament in «Narrheit» und das cholerische in «Tobsucht».

Diese äußerst rudimentäre Typologie genügt zunächst. (Später notierte ergänzende Einzelheiten können hier unberücksichtigt bleiben.) Denn nicht die bis ins Detail fixierte Diagnose kann hier gemeint sein. Ein praktikables Verfahren wird vorgeschlagen, das den Lehrer unmittelbar in die Lage versetzt, die Äußerungen seiner Schüler wahrzunehmen und dabei zugleich die entsprechenden pädagogischen Einfälle zu gewinnen. Diagnose und Therapie sind eins. Denn der Lehrer kann lernen, die vier Temperamentgruppen untereinander und mit seiner eigenen Person in ein reiches, jede Art von seelischer Aktivität herausforderndes Wechselspiel zu bringen.

Die nebeneinander sitzenden Schüler gleichen Temperaments korrigieren ihre Extreme durch die gegenseitige Wahrnehmung, sie schleifen gleichsam ihr Temperament aneinander ab. Der Lehrer wird darüber hinaus jede der vier Gruppen ihrer Eigenart gemäß anzusprechen und herauszufordern suchen und dadurch auf die Klasse als Ganzes ausgleichend wirken.

«Wenn in der sanguinischen Gruppe irgendetwas nicht stimmt, sich zur melancholischen Gruppe wenden und dieses Temperament dann spielen lassen, um ausgleichend zu wirken! Gerade beim Massenunterricht ist das sehr ins Auge zu fassen. Da ist es wichtig, dass man nicht bloß selber den Ernst und die Ruhe bewahrt, sondern dass man den Ernst und die Ruhe der melancholischen Kinder in Wechselwirkung treten lässt mit der sanguinischen Gruppe.»[36]

Auch wird der Lehrer für jedes Temperament eine besondere Erzählungs- und Darstellungsweise ausbilden (der Stuttgarter Gründungskurs umfasst denn auch ebenso wie die gegenwärtige Ausbildung zum Waldorflehrer Übungen in der Kunst, Märchen und Geschichten den verschiedenen Temperamenten angemessen vorzutragen), wird er für das eine Temperament diese, für ein anderes jene Mal- oder Zeichentechnik benutzen oder sogar die einzelnen Rechenverfahren den Temperamenten gemäß einsetzen. Der rhythmische Wechsel des Ausdrucks und der Darstellungsmethoden, den er sich auf diese Weise abverlangt, bewahrt ihn vor jeder Monotonie. Ganz unwillkürlich zieht ihn das lebendige Spiel der Temperamentsäußerungen, die er mit der Wachheit des Dirigenten aufnimmt, in eine gesteigerte Aktivität hinein, schenkt ihm treffende Einfälle und bringt ihn in den innigsten menschlichen Kontakt zu seinen Schülern. Man kann lernen, dieses Spiel zu beherrschen, und eine erneuerte Lehrerbildung wird dazu helfen müssen. Solange man dabei noch reflektiert, erreicht man nicht viel.

«Sie müssen mit sich selbst Geduld haben, denn diese Behandlung der Kinderwelt muss einen gewohnheitsmäßigen Charakter annehmen. Man muss das im Gefühl haben, an welche Gruppe man sich zu wenden hat, muss es gewissermaßen von selbst tun. Würde man sich das vornehmen, dann würde man die Unbefangenheit verlieren.»[37]

Mit den Methoden des Waldorf-Lehrplans lassen sich die Instinktsicherheit und die produktive Kraft des geborenen Erziehers für das Schulleben neu gewinnen. Das so Gewonnene muss in vollem Umfang der Verantwortung des einzelnen Lehrers anvertraut bleiben und darf nicht durch Vorschriften irgendwelcher Art über Ablauf oder Inhalt des Unterrichts eingeengt und gelähmt werden. So kann ein Stoffplan in der Waldorfschule immer nur als Sammlung von Beispielen gemeint sein, als Mittel zur Anregung der pädagogischen Fantasie, aber weder als Rahmenverordnung noch als Zusammenstellung unerlässlicher Minimalforderungen. Es gibt in der Waldorfschule keinen Stoff, dessen vorschriftsmäßige Übermittlung den Unterrichtserfolg garantieren könnte. In dieser Hinsicht befindet sich die Pädagogik Steiners in denkbar größtem Gegensatz zur üblichen Auffassung.

Andererseits hat sich in der Arbeit der Waldorfschulen seit dem Gründungsjahr 1919 durchaus eine gute Tradition, eine Art Kanon «klassischer» Themen und Stoffkreise herausgebildet. Oft ist die Erinnerung an bestimmte Lehrerpersönlichkeiten damit verbunden. Man weiß in der Waldorfbewegung, dass die Parzival-Epoche der 11. Klasse ihren Ursprung bei *Walter Johannes Stein* hat, dem Historiker des Gründungskollegiums, dass gewisse Ideale des Sprachunterrichts nicht ohne *Herbert Hahn* und seinen begeisternden Sinn für die Sprachen und Völker Europas ausgebildet worden wären, dass die Kunstbetrachtung der Oberstufe dem genialen Wurf von *Erich Schwebsch* entstammt. Der Lehrer, der sich in seiner Unterrichtsplanung und Vorbereitung solchen Vorbildern anschließt, weiß, dass er niemals bloß tradieren oder wiederholen kann, dass ihm keine Autorität die Verantwortung für die besondere Situation seiner eigenen Arbeit abnimmt.

Das gilt auch für sein Verhältnis zu Steiner und zur Anthroposophie. Es wird oft vermutet, dass die Waldorfschule eine Weltanschauungsschule sei. Sie wird nicht müde, sich auf die anthroposophische Menschenkunde zu berufen – wie sollte sie nicht ihre Schüler zu Anthroposophen machen wollen?

Schon die Freiheitsphilosophie Steiners und die aus seiner Wesensgliederlehre hervorgehende Auffassung von der Nichterziehbarkeit des menschlichen Ich-Wesenskerns zeigen deutlich, dass sich die Waldorflehrerschaft aus den Ideen der Anthroposophie selber heraus gegen die Vorstellung zur Wehr setzen muss, sie wolle ihren Schülern irgendein fertiges Weltbild mitgeben, und sei es ihr eigenes. Anthroposophie liefert die Methoden, das pädagogische Werkzeug, mit dem in der Waldorfschule gearbeitet wird, nicht eine Weltanschauung im Sinne einer dogmatischen Ideologie. Überdies entstammt die überwiegende Mehrzahl der Waldorfschüler evangelischen oder katholischen Elternhäusern. Religionsunterricht beider Konfessionen wird in der Schule erteilt, und eine «weltanschauliche» Beeinflussung der Schüler würde weder von den Kindern selbst noch von den Eltern widerspruchslos hingenommen werden.

Nun ist es aber eine weit verbreitete Torheit, einen Unterricht für möglich zu halten, der nicht weltanschauungsbildend wirkt. Wo dem jungen Menschen nicht bewusst Ansätze, Hinweise, Erkenntnistechniken vermittelt werden, mit denen er als mündiger Erwachsener in der Lage ist, in

Freiheit seine eigene Weltanschauung zu suchen, da wird er durch den vulgärmaterialistischen Aberglauben, der die faktisch herrschende Weltanschauung unseres «heidnischen Landes» (*Karl Rahner*) ist, ganz ohne sein oder des Lehrers Zutun unbewusst in seinem gesamten Vorstellungsleben tiefgreifend geprägt. Technisierte Lehrverfahren und die alles durchdringende Wirkung der Massenmedien nehmen dem Heranwachsenden die eigene Entscheidung in dieser Hinsicht völlig ab und trainieren seine Denkgewohnheiten derart, dass es ihm im Erwachsenenalter schwer fällt, für weltanschauliche Gesichtspunkte, die in sein früh borniertes Weltbild nicht hineinpassen, offen zu sein.

Demgegenüber ist es in der Tat die bewusste Absicht der Waldorfschule, ihren Schülern eine «Weltanschauung» zu vermitteln. Ihre Lehrer sehen sich vor die Aufgabe gestellt, den Kindern Begriffe mitzugeben, die gleichsam mitwachsen und die freie Geistesentwicklung der späteren Jahre nicht einschnüren. «Wir sind oftmals besonders glücklich, wenn wir einem ganz jungen Kinde etwas beibringen, das es nach Jahren in derselben Gestalt wieder vorschwatzt. Aber das ist gerade so, wie wenn wir einem Kinde mit drei Jahren Stiefel machen lassen und verlangen, dass es mit zehn Jahren diese Stiefel anziehe und sie ihm noch passen. In Wahrheit handelt es sich darum, dass wir dem Kinde beibringen lebendige, biegsame, elastische Begriffe, die, wie die äußeren, physischen Glieder wachsen, so seelisch mit dem Menschen heranwachsen. Das ist unbequemer, als dem Kinde Definitionen geben von dem und jenem, die es sich merken muss, die bleiben sollen.»[38]

Es macht deshalb nichts, wenn das Kind Dinge aufnimmt,

die über sein intellektuelles Verständnis zunächst hinaus-
gehen. «Steht der Lehrer mit seinem ganzen Wesen in seiner
Unterrichtstätigkeit drinnen, dann darf er dem Kinde auch
beibringen, wofür es im späteren Nacherleben mit Freude
das volle Verständnis findet. Und in diesem erfrischenden
Nacherleben liegt dann stets Stärkung des Lebensinhaltes.
Kann der Lehrer für solche Stärkung wirken, dann gibt er
dem Kinde ein unermesslich großes Lebensgut mit auf den
Daseinsweg. Und er wird dadurch auch vermeiden, dass sein
‹Anschauungsunterricht› durch das Übermaß an Einstellung
auf das ‹Verständnis› des Kindes in Banalität verfällt. Diese mag der Selbstbetätigung des Kindes Rechnung tragen;
allein ihre Früchte sind mit dem Kindesalter ungenießbar
geworden; die weckende Kraft, die das lebendige Feuer des
Lehrers in dem Kinde entzündet bei Dingen, die in gewisser
Beziehung noch über sein ‹Verständnis› hinausliegen, bleibt
wirksam durch das ganze Leben hindurch.»[39]

So wird man in der Unterstufe der Waldorfschule viele
Märchen und Mythen als Erzählstoff antreffen und als Lek-
türe schon vom zweiten Schuljahr an sprachlich wertvolle,
oft anspruchsvolle Texte. Für den Deutschunterricht der
neunten Klasse werden Partien aus *Herman Grimms* Goethe-
vorlesungen oder aus *Jean Pauls* «Vorschule der Ästhetik»
vorgeschlagen, für die elfte Klasse *Wolframs* «Parzival» und
der «Arme Heinrich» des *Hartmann von Aue*, für die zwölfte Klasse *Goethes* «Faust», dem eine besondere Epoche des
«Hauptunterrichts» vorbehalten ist. Im Zusammenhang mit
dem Geschichtsunterricht der zehnten Klasse können die
Schüler mit den Gesängen des Zend Avesta, den Veden, den
Reden *Buddhas* oder mit *Homer* bekannt gemacht werden; in

40

der elften Klasse mag *Dante* erscheinen oder *Alanus ab Insulis*, dessen «Anticlaudian» dem Waldorflehrer, der ein Bild vom Kosmos des Mittelalters geben will, nächst der «Göttlichen Komödie» besonders entgegenkommt. Nirgends wird dabei die Welt auf das geistige Maß des Schülers reduziert. Dieser soll wissen, dass Erkenntnisräume vor ihm liegen, in die er sich zusammen mit seinen Lehrern so weit hineinbegeben kann, wie er den Kreis seiner Wahrnehmungen schon ausgedehnt hat, die aber unendlich größer sind als die Reichweite seines vorläufigen Begriffsvermögens. Er soll seine Wahrnehmungsfähigkeit schulen, seine zwölf Sinne gebrauchen lernen, seine Denkkraft in der ganzen Fülle ihrer Möglichkeiten ausbilden, ohne dabei der Illusion zu verfallen, er sei nun ein für alle Mal urteilsfähig. Die endgültig «erklärende» Abstraktion, das Zurückführen komplizierter Sachverhalte auf Formeln und Modelle, wie es von gewissen Richtungen der wissenschaftlichen Forschung derzeit in stärkstem Maße gepflegt und erstaunlich unkritisch in die Schule übertragen wird, tritt deshalb in der Waldorfpädagogik ganz zurück.

Besonders deutlich wird das in den Naturwissenschaften, die übrigens – entgegen einer verbreiteten Annahme – im Waldorf-Lehrplan stark vertreten sind. So werden die Erscheinungen am Sternenhimmel zunächst so, wie sie sich dem Auge im Tages- und Jahreslauf darbieten, mit den Schülern aufgesucht, in aller Breite durchdacht und zeichnerisch dargestellt, ehe dann schließlich die kosmologischen Systeme der Antike und im Zusammenhang damit das System des Kopernikus, jedes in seiner relativen Berechtigung, als Erklärungsversuche hinzutreten. Die Chemie beginnt im 6. Schuljahr mit dem Studium von Gesteinen und Mineralien, ausgehend von den geologischen Verhältnissen der näheren Umgebung, führt dann über Verbrennungsvorgänge an verschiedenen pflanzlichen und tierischen Stoffen, über das Kalkbrennen, die Salzbildung, das Wasser (7. Schuljahr), die Metalle und ihre Gewinnung, die Chemie der Nahrungsmittel (8. Schuljahr), die Kohlenstoffassimilation der Pflanze und andere Themen der organischen Chemie, mit betonter Unterscheidung von Naturprozess und chemisch-technologischem Prozess (9. Schuljahr), bis zu Grundbegriffen der anorganischen Chemie, ehe auch nur die ersten quantitativ messenden Versuche und die ersten Reaktionsgleichungen auftreten. Erst im 11. Schuljahr werden schließlich das periodische System der Elemente, die Ionenlehre und, als ein relativ gültiger Aspekt der Wirklichkeit unter vielen anderen, das Atommodell eingeführt.[40]

Im Sinne Goethes wird versucht, die Phänomene selber sprechen zu lassen und Begriffe nicht in vorher fixierter Form an die Realität heranzutragen, sondern im lebendigen Umgehen mit dem ganzen Reichtum der Erscheinungen «anschauende Urteilskraft» heranzubilden. Übungen des Anschauens pflegt deshalb auch die Biologie, vielfach anknüpfend an Goethes Metamorphosenlehre, in ihren morphologischen Studien beim Betrachten der Tier- und Pflanzenwelt, in der Menschenkunde oder in der vergleichenden Embryologie. Nach *Gerbert Grohmann* und *Hermann Poppelbaum* haben *Frits H. Julius* und der Forscherkreis um die Zeitschrift *Elemente der Naturwissenschaft* (Dornach, seit 1964) reiches Material für solche Übungen erarbeitet.

Auch auf dem Felde der Mathematik geht es um die Schulung des Wahrnehmungsvermögens. Hier ist es die innere, rein geistige Evidenz der Phänomene, die dem Schüler bewusst gemacht wird, im «rhythmischen Zählen» des Erstrechenunterrichts ebenso wie in der Kombinatorik des 9. Schuljahrs, der sphärischen Trigonometrie und der analytischen Geometrie der Kegelschnitte im 11. Schuljahr, in der projektiven Geometrie der höheren Klassen oder in der darstellenden Geometrie, deren komplizierte Durchdringungsaufgaben an das mathematische Vorstellungsvermögen höchste Anforderungen stellen.

Die Rätsel der Welt werden durch einen so aufgefassten Unterricht nicht zur öden Anschaulichkeit des didaktisch praktikablen Modells vereinfacht oder verfälscht. Sie bleiben in ihrer ganzen Tiefe erfahrbar. Die Ehrfurcht und die Erkenntnisbegeisterung, die der Lehrer, von seiner eigenen Weltanschauung geleitet, diesen Rätseln entgegenbringt, wecken und spornen an. Das Kind erfährt darin ein lebendiges, aktives, menschlich erfülltes «Verhältnis zur Welt». Es übernimmt dieses Verhältnis zur Welt und verfügt damit über eine Begabung, deren sich der Erwachsene später in Freiheit bedienen kann.

«Wer da glaubt, dass er immer nur mit gescheiten Worten das Wesen einer Sache treffen kann, soweit es notwendig ist, der hat überhaupt keine Ehrfurcht vor den Dingen der Welt, und Ehrfurcht vor den Dingen der Welt ist dasjenige, was zum ganzen, vollendeten Menschen gehört, soweit der Mensch vollendet und ganz werden kann innerhalb des irdischen Daseins. Etwas empfinden davon, wie hilflos man ist, wenn man an das Wesen der Dinge heran will, wie man da alles zusammennehmen muss, was man in seinem ganzen Menschen hat, das gibt erst die wahre Stellung des Menschen zur Welt. Die kann man dem Kinde nur vermitteln, wenn man sie selber hat. Methodik des Lehrens, die muss leben, die kann nicht bloß ausgeübt werden. Methodik des Lehrens muss erblühen aus den Lebensbedingungen des Erziehens. Und sie kann erblühen aus den Lebensbedingungen des Erziehens, wenn sie erwächst aus einem lebendigen Sich-Erfühlen des Lehrenden, des Erziehenden, im ganzen Weltenall.»[41]

Es versteht sich, dass diese Auffassung gerade bei Pädagogen oft der größten Skepsis begegnet. Was denn dann noch beim Examen zu prüfen sei, wird gefragt; was denn dabei als «bleibender Besitz» verzeichnet werden könne. Es müsse doch auch etwas Handfestes, Solides, Ordentliches, für das Leben Brauchbares gelernt werden. Immer wieder sieht sich die Waldorfschule dem Verdacht ausgesetzt, eine «schöne», menschlich angenehme, sympathische Schule zu sein, deren Schüler aber doch den Anforderungen eines «harten Lebenskampfes» nicht voll gewachsen sind.

Demgegenüber darf zunächst die Selbstverständlichkeit geltend gemacht werden, dass auch ein Waldorfschüler Lesen, Schreiben, Rechnen und alle anderen für das moderne Leben notwendigen Elementarkenntnisse zu lernen hat und dass seine Chancen bei Prüfungen an der Waldorfschule nicht geringer sind als anderswo.[42] Vor allem aber darf zurückgefragt werden: Ist es denn so sicher, dass gute Examensnaturen sich im späteren Leben bewähren? Ist es so eindeutig ausgemacht, dass die kurzschlüssige Abfrage-Bildung, die in so vielen Schulen noch immer angetroffen werden kann, den Ansprüchen der modernen Welt in Bezug auf Unbefangenheit, Kreativität, Beweglichkeit, Einsatzvermögen, Selbstständigkeit und anderen charakteristischen Waldorfschüler-Tugenden wirklich gewachsen ist? Liegt nicht die besondere Ökonomie einer modernen Schulbildung darin, Wissensvermittlung nicht als isolierten Prozess und als Anhäufung reproduzierbarer Aussagen, sondern im lebendigen, anfeuernden Zusammenspiel aller, auch der träumenden und schlafenden Kräfte der Schüler und als Anleitung zum «Lernen des Lernens» zu betreiben?

Es leuchtet ein, dass in einem so konzipierten Lehrplan ein hervorragender Platz den Künsten zukommt. In der gesamten Waldorfschulbewegung unvergessen ist der Steiner gleichsam als Abschiedswort zugeschriebene Satz: «Wenn ich noch einmal von vorn anfangen könnte, würde ich das Steuer ganz nach dem Künstlerischen herumwerfen.»

Die Künste sind das Lebenselement der Waldorfschule. Der Lehrplan umfasst ausgedehnte gemeinsame Rezitationen zu Beginn eines jeden Hauptunterrichts, einen vom lebendigen Sprechen her geführten Unterricht in den Fremdsprachen vom ersten Schuljahr an, zwei Wochenstunden Musik von der ersten bis zur zwölften Klasse, dazu Chor und Orchester, den allwöchentlichen «Maltag» im Hauptunterricht der Unterstufe, einen reichen Kanon von Epochen in den bildenden Künsten. Hinzu kommen regelmäßige «Monatsfeiern», Konzerte, Theateraufführungen und Ausstellungen, die der ganzen Schulgemeinde Einblick in die geleistete Arbeit geben. Die musischen Fächer und was sich in freien Unternehmungen an ihre regulären Unterrichtsstunden anschließt, haben ihren Wert in sich selbst. Zugleich aber sind sie aus dem sozialen Leben der Schulgemeinde nicht wegzudenken; sie wecken die Aufmerksamkeit der Schüler für die Arbeit anderer, sie engagieren die Elternschaft und gelegentlich auch die benachbarte Öffentlichkeit.

Nicht zuletzt haben sie aber entscheidende Rückwirkungen auf den theoretischen Unterricht. Es ist für einen Waldorfpädagogen ein absurder Gedanke, im Fächerkanon «Lernfächer» von Disziplinen abzusetzen, in denen nur gespielt wird. Er betrachtet die Arbeit in den Künsten auch nicht als eine Art Ausgleichssport für intellektuelle Anstrengung. Dass er die Wirkung dieser Arbeit auf die Leistungen in den theoretischen Fächern so hoch einschätzt, beruht vielmehr auf seiner Auffassung vom Wesen der Intelligenz. Diese ist für ihn keineswegs auf die Computerfähigkeiten des Kombinierens und Reproduzierens eingeschränkt. Vom frühesten Alter an fordert er ein Denkvermögen, dessen Funktionen sich nur im Zusammenwirken mit dem Empfindungs- und Willensleben des Kindes entfalten können, eine Intelligenz der Initiative und der schöpferischen Fantasie, und immer wieder macht er die Erfahrung, dass Höchstleistungen dieser kreativen Intelligenz mit Höchstleistungen in den Künsten einhergehen. Er weiß: Wer in den Künsten gelernt hat, Unternehmungslust zu entwickeln, mit seinem ganzen Menschen bei der Sache zu sein, unbefangen wahrzunehmen, Einfälle zu haben, energisch zuzugreifen und seinen Gegenstand bis in eine wirklich gelungene Form hinein zu bearbeiten, der bewältigt auch die mehr betrachtenden Fächer ökonomischer und mit größerer Effektivität.

Keine musische Tätigkeit wirkt in dieser Beziehung so stark wie die durch Steiner begründete Bewegungskunst der *Eurythmie*. Ihr kommt eine nach allen Seiten anregende, schöpferische Produktivität weckende Mittelstellung im Reigen der

Künste zu: Sprache und Musik von der einen, plastische und malerische Gestaltung von der anderen Seite sind in ihr zu höherem Leben gebracht.[43] Der eurythmisch bewegte Mensch, in freier Regsamkeit den Welterscheinungen und ihren Gesetzen nachspürend und sie in sich zu gesteigertem Leben erweckend, er ist die Real-Imagination des Schülers, der im Sinne der Waldorfpädagogik sich seine Weltanschauung und seine Lebensziele in freier Tätigkeit selber sucht.

Von der Schulorganisation

Aus dem Streben nach einer umfassenden Erneuerung der sozialen Verhältnisse heraus als «Einheitliche Volks- und höhere Schule» begründet, ist die Waldorfschule seit über siebzig Jahren das, was heute als Gesamtschule mit gleichen Bildungschancen für Kinder gleich welcher Herkunft und welcher Begabung gefordert wird. Jungen und Mädchen werden in der Regel zwölf Jahre hindurch gemeinsam unterrichtet, in Klassen, die als Altersgemeinschaften erhalten bleiben. Eine Auslese findet nicht statt. Als Kompromiss mit den Anforderungen des staatlichen Berechtigungswesens ist an den meisten deutschen Schulen eine zusätzliche Klasse zur Vorbereitung auf die Abiturprüfung eingerichtet, einige Schulen haben auch gesonderte Vorbereitungskurse für die Prüfung der Mittleren Reife oder der Fachhochschulreife. Während der ersten acht Schuljahre wird jede Klasse durch ihren Klassenlehrer begleitet, der den gesamten «Hauptunterricht» während dieser Zeit selbst erteilt und dadurch Gelegenheit hat, mit der Schicksalsgemeinschaft seiner Zöglinge, die durch kein Sitzenbleiben auseinander getrieben wird, mit den Eltern, mit den besonderen Entwicklungsbedingungen eines jeden Kindes ungleich engere menschliche Bindungen einzugehen, als sie sich bei einem Fachlehrersystem mit ständigem Wechsel erreichen ließen.

In der Oberstufe, ab Klasse 9, wird der Unterricht von wechselnden Fachlehrern erteilt. In der Regel erst jetzt beginnt auch eine Differenzierung nach Begabungen oder nach den späteren beruflichen Anforderungen, doch sind davon nur die Fremdsprachen und praktische Fächer betroffen. Während des Hauptunterrichts und in mehreren künstlerischen Fächern bleiben, entsprechend dem Ideal, das Steiner im Frühjahr 1919 in den *Volkspädagogischen Vorträgen* entworfen hat, zukünftige Arbeiter und zukünftige Akademiker auf der gleichen Schulbank.[44] Um den Übergang ins Berufsleben für diejenigen Schüler, die eine wissenschaftliche Ausbildung nicht anstreben, zu erleichtern, arbeiten mehrere Schulen an der Einrichtung von Praktika, berufsvorbereitenden Grundkursen oder Fachoberschul-Zweigen, oder sie bieten eine mit dem übrigen Ausbildungsplan abgestimmte handwerkliche Lehre an.[45]

Der Stundenplan erleichtert solche Differenzierungen. Die mehr für eine kontemplative Betrachtung geeigneten Fächer des «Hauptunterrichts» – Deutsch, Kunstbetrachtung, Geschichte und Sozialkunde, Biologie, Chemie, Physik, Astronomie, Mathematik, Geometrie – werden morgens in der Regel zwischen 8.00 und 9.45 Uhr in Epochen von drei bis vier Wochen unterrichtet, die Sprachen und die musischen Fächer, die ein wiederholendes Üben erfordern, in anschließenden Fachstunden mit festem Wochenstundenplan, die bildnerischen und die handwerklich-praktischen Fächer in der Regel wiederum in Epochen, zum Teil nachmittags. (In den letzten Jahren werden zunehmend Versuche mit Epochenunterricht auch in den Fremdsprachen unternommen.) Die überschaubare Gliederung des Tages durch den rhythmischen Wechsel der Ansprüche und Einsatzmöglichkeiten ist dem Lernfortschritt günstig. Jeden Morgen versammelt sich die durch Jahre hindurch verbundene Schülerschaft einer jeden Klasse zu gemeinsamen grundsätzlichen Betrachtungen, in denen der ganze Reichtum der verschiedenen Begabungen, Charaktere, Neigungen oder auch Lebenserfahrungen zusammenfließen kann, ehe die Aufgliederung in kleinere Gruppen eintritt, die durch andere Arbeitsbedingungen in den Sprachen oder im musischen Unterricht nötig sein mag, wobei aber wiederum jede Auslese vermieden wird.

Zeugnisse werden einmal jährlich zum Schuljahresende erteilt, bis zur 8. Klasse in Form von ausführlichen Gesamtbeurteilungen durch den Klassenlehrer, die durch einige Fachzeugnisse ergänzt werden, von der 9. Klasse ab durch Einzelbeurteilungen der Fachlehrer. Zweck der Zeugnisse ist nicht nur, den erreichten Leistungsstand festzustellen, sondern auch die individuell ganz verschiedenen Ursachen für bessere oder schwächere Leistungen zu charakterisieren und Hinweise für die zukünftige Arbeit zu geben. Leitendes Ideal ist dabei die Form eines helfenden und beratenden Gutachtens, wie es von erziehungswissenschaftlicher Seite als «entwicklungsbezogenes» Zeugnis empfohlen worden ist.[46] Deswegen werden Notenzeugnisse nur auf besonderen Wunsch für abgehende Schüler ausgestellt.

Gleichfalls seit ihrer Gründung begreift sich die Waldorfschule als freie, von staatlicher oder wirtschaftlicher Bevormundung unabhängige Institution, die sich selbst «republikanisch» verwaltet und dadurch als Modelleinrichtung für eine allgemeine Freiheit des Geisteslebens wirken will. Steiner hat sich darüber in allen Einführungskursen, besonders aber in seinem Aufsatz *Freie Schule und Dreigliederung* [47] in eindringlicher Form geäußert. Es ging ihm darum, der von seiner Menschenkunde her geforderten schöpferischen Aktivität der Erzieherpersönlichkeit den notwendigen Freiheitsraum zu sichern und die Übergriffe der Rechtssphäre des sozialen Organismus mit ihren Tendenzen zur Normierung und Bürokratisierung, zur Bindung an allgemeine Regeln ebenso von der Schule fernzuhalten wie die Machtansprüche der Wirtschaft, die aus ihren Bedürfnissen heraus die Schule nur als Produktionsstätte für passende Nachwuchskräfte oder als Absatzmarkt für Lehr- und Lernmittel zu sehen vermag.

Das republikanische Prinzip – im Sinne der römischen «res publica» – ist im internen Betrieb der Waldorfschulen gute Tradition. Das Lehrerkollegium entscheidet als autonome Körperschaft über alle pädagogischen Fragen des Schullebens. Es delegiert in der Regel aus seinem Kreis einen Verwaltungsrat, der zusammen mit dem Geschäftsführer der Schule die laufenden Angelegenheiten der Verwaltung besorgt. Jede Woche versammelt sich das Lehrerkollegium in seiner Gesamtheit zu einer Konferenz, der alle wichtigen Entscheidungen vorgelegt werden und die zugleich als eine Art fortlaufendes Seminar der gegenseitigen Information und der pädagogischen Weiterbildung dient. Die so genannte «interne» oder «Verwaltungs»-Konferenz, der alle Lehrer angehören, die nach einer in der Regel einjährigen Probezeit die Schule verantwortlich mittragen wollen, beschließt über Grundsatzfragen der Schulkonzeption, über Finanz- und Personalangelegenheiten. Das Lehrerkollegium entsendet Vertreter in den Vorstand des Trägervereins, sodass die Eltern und Freunde der Schule in alle wichtigeren Beratungen mit einbezogen werden und vor allem in wirtschaftlichen Fragen mitentscheiden. Auch für andere Verwaltungsaufgaben werden Ausschüsse gebildet oder Ämter delegiert.

Noch nicht in gleichem Maße ausgereift sind die Bemühungen der Waldorfschulen, Formen der Zusammenarbeit mit ihrer Elternschaft zu entwickeln, die geeignet wären, alle in der Schulgemeinde vorhandenen unternehmerischen Kräfte, den ganzen Reichtum an Fantasie, Initiative, Einsatzvermögen, Erfahrungen und Kenntnissen, über den eine solche Schicksalsgemeinschaft verfügt, wirklich in vollem Umfang freizusetzen. Gewiss ist die Waldorfschule in vieler Hinsicht schon eine «kooperative» Einrichtung. Eltern und Lehrer bemühen sich in unablässigem Gespräch, im Elternbeirat oder Elternvertrauenskreis, bei Elternabenden, in den Sprechstunden der Lehrer, bei Gelegenheiten jeder Art, um ein gemeinsames Bewusstsein von den Intentionen ihrer Schule. Großveranstaltungen wie der vielfach anzutreffende Weihnachtsbasar, das Sommerfest oder repräsentative Veranstaltungen für die Öffentlichkeit sind ohne die begeisterte Hilfe der Elternschaft gar nicht denkbar. Eltern werden zu Beratungen im Wirtschafts- oder Bauausschuss mit herangezogen oder redigieren die Schulmitteilungen. Sie helfen im Kindergarten, bei Ausflügen oder bei Klassenfahrten. Dennoch ist es vielfach ein recht begrenzter Kreis besonders interessierter Eltern, der auf diese Weise mitwirkt, und das Engagement der Elternschaft ist an den einzelnen Schulen sehr unterschiedlich entwickelt.[48] Der Bund der Waldorfschulen arbeitet seit längerer Zeit an den anstehenden Problemen durch seine Jahrestagungen für Eltern und Lehrer, die einerseits in öffentlichen Kundgebungen Aufmerksamkeit erwecken, andererseits in Gesprächskreisen die offen stehenden Fragen im Einzelnen diskutieren. Die Rückwirkung dieser Veranstaltungen auf das Gespräch in den Waldorfschulen ist beachtlich. Auch gibt es inzwischen einen *Elternrat* beim Bund der Freien Waldorfschulen, von dem wertvolle Anregungen für das gemeinsame Leben und auch für die Öffentlichkeitsarbeit der Waldorfschulen ausgehen. Es darf erhofft werden, dass in den nächsten Jahren die Sicherung des freiheitlichen Konzepts der Waldorfpädagogik bis in konkrete, gesellschaftlich ausreichend stabile Rechtsformen hinein durch die Entwicklung solcher Formen der Zusammenarbeit zwischen Lehrern und Eltern weiter gefördert werden wird.

Die geschilderten Organisationsformen tragen zum Bildungserfolg der Waldorfschule entscheidend bei. Beobachter sprechen gern von dem dichten pädagogischen Milieu, von der besonders intensiv wirksamen «Atmosphäre» der Waldorfschule oder von dem besonderen «Gesicht», das jede dieser Schulen hat, und wir dürfen das Zustandekommen dieses Eindrucks in vieler Hinsicht auf die Schulorganisation zurückführen. Die Lebensformen der Waldorfschule scheinen die atmosphärischen Merkmale «guter» Schulen, wie sie die neuere pädagogische Sozialforschung beschrieben hat,[49] in vieler Hinsicht zu fördern.

Ein wesentlicher Faktor für das besondere pädagogische Milieu der Waldorfschule ist sicher die Konsequenz, mit der hier, von der anthroposophischen Menschenkunde ausgehend, das Wahrnehmungsvermögen eines jeden am Erziehungsprozess Beteiligten für seine Mitmenschen zu schulen versucht wird. Die soziale Integration, deren Notwendigkeit ein häufig genanntes Motiv für die Forderungen nach einer modernen Gesamtschule bildet: Hier ist sie nicht nur den Schülern als Aufgabe gestellt (wiewohl viele Waldorfschulen eigene Formen der Schülermitverwaltung entwickeln), hier wird sie durch das Lehrerkollegium und durch die Aktivitäten der gesamten Schulgemeinde unmittelbar und nachhaltig vorgelebt. Die Unterrichtsveranstaltungen der Waldorfschule schließen sich mit den Monatsfeiern, den Festen, den Vorführungen und externen Unternehmungen jeder Art zu einem Strom der wechselseitigen Bewusstseinsbildung zusammen, einem ständig erneuten Wahrnehmen der vielfältigen Äußerungen jedes Lebensalters, jeder sozialen Sphäre, jeder menschlichen Tätigkeit. Die Schüler leben in diesem Strom und schulen daran ihr Sozialtalent.

Der Einwand verfängt nicht, es müsse aber doch auch das Individuum sein Recht auf besondere Förderung haben, und die Begabten kämen doch wohl zu kurz bei so starker Betonung des Gemeinsamen. Durch die Vielfalt der Motivation, die ihnen die Waldorfschule als Schule des Wahrnehmens nicht nur in intellektueller, sondern auch in sozialer Hinsicht bietet, haben gerade die hervorragend begabten Schüler Gelegenheit, sich vielseitig zu entfalten. Freilich bewegt sich diese Entfaltung nicht in dem kurzatmigen Stolperschritt zwischen Belehrung und Reproduktion des Gelernten, zwischen Darbietung und Kontrolltest, auf den viele Schulen heute hinsteuern. Sie mag vielleicht in einer größeren Jahresarbeit, einem Gesellenstück des zwölften Schuljahres, wie es an einigen Waldorfschulen praktiziert wird, für einen kurzen Augenblick vor der Schulgemeinde sichtbar werden. Im

Übrigen wird sie sich in Unternehmungen des Privatlebens vielleicht noch mehr als im Unterricht vollziehen, in der schöpferischen Freiheit des Spiels, in einem Bereich also, der sich der schulischen Planung und Überprüfung ganz entzieht, mit dessen Bildungswirksamkeit die Waldorfschule aber voll rechnen kann, weil sie durch ihren Unterricht die vielfältigsten Anregungen dafür gibt.

An die Stelle der Auslese tritt in der Waldorfschule ein umfassendes Fördern und Wecken aller Anlagen. Jede Art von fixierender Bewertung wird dabei vermieden. Steiner kennzeichnet dieses Bemühen mit aller wünschenswerten Prägnanz, wenn er sagt: «Es gibt nur drei wirksame Erziehungsmittel: Furcht, Ehrgeiz und Liebe. Wir verzichten auf die beiden ersten.»[50] In diesem Bemühen liegt keinerlei Sentimentalität. Furcht behindert letzten Endes jeden selbstständigen Lernfortschritt, Ehrgeiz ruiniert jede soziale Fähigkeit. Das sind alte Einsichten, aus denen die Waldorfpädagogik nur die entschiedensten Konsequenzen zieht. Untersuchungen der pädagogischen Psychologie scheinen ihr Recht zu geben, wenn sie zeigen, dass begabte Schüler in unausgelesenen (heterogenen) Gruppen durchaus nicht an Leistungsfähigkeit zu verlieren brauchen, dass weniger Begabte in solchen Gruppen besser gefördert werden, als wenn sie unter sich bleiben,[51] und dass die Bewertung der Leistungen durch die üblichen Notenzeugnisse äußerst unzuverlässig und von geringem prognostischem Wert ist, wodurch jede Auslese ad absurdum geführt wird.[52]

Betont also die Waldorfschule entschieden das Prinzip individueller Freiheit des Lehrens und Lernens, so vertritt sie andererseits durch ihre «republikanische» Kollegialstruktur und durch die vielfältige Mitbeteiligung von Schülern und Eltern am Leben der Schule außerhalb des eigentlichen Unterrichts mit der gleichen Deutlichkeit das Prinzip der gemeinsamen Verantwortung. Im Sinne der Lehre Steiners von der «Dreigliederung des sozialen Organismus» zeigt sie, dass Freiheit und Sozialität einander nicht ausschließen müssen, sondern sich wechselseitig steigern, wenn sie ins richtige Verhältnis zueinander gebracht werden.

Dies gilt auch für das wirtschaftliche Fundament der Schule. Steiner wollte mit der klaren Unterscheidung der drei großen Funktionsbereiche des sozialen Organismus – des Geistes-, des Rechts- und des Wirtschaftslebens – neben anderem einsichtig machen, dass Institutionen des Bildungswesens durch *Schenkgelder* zu finanzieren sind.[53] Gegenwärtig erhebt die staatliche Verwaltung Zwangsschenkungen in Form von Steuern, die in anonymer Form an die Empfänger verteilt werden. Dieses Verfahren ist gesamtwirtschaftlich teurer als die freie Finanzierung.[54] Es lassen sich Formen des Schenkens denken, die den unnötigen, teuren und sozial schädlichen Umweg über Zentralkassen des Staates vermeiden. Das können freie Schenkungen sein oder auch «institutionalisierte»,[55] die durch längerfristige Verbindlichkeit dem Rechtsanspruch des Kindes auf Bildung in zuverlässiger Weise gerecht würden. Als Übergangslösung und erster Schritt in dieser Richtung käme der in England und den USA schon seit langem diskutierte «Bildungsgutschein» (Voucher) in Betracht.[56] Die Waldorfschulen decken ihr Defizit einstweilen durch freie Spenden der Mitglieder ihrer Fördervereine und durch Förderbeiträge oder auch Bauspenden ihrer Eltern, wobei Vereinbarungen nach Richtsätzen in unterschiedlicher Höhe und widerruflich getroffen werden, um kein Kind aus finanziellen Gründen vom Besuch der Schule auszuschließen.

Darüber hinaus haben zwei Waldorfschulen ihrem Trägerverein die Form einer *Genossenschaft* gegeben.[57] Die genossenschaftliche Konstitution des Schulvereins erleichtert bei Bauvorhaben die Aufbringung der notwendigen Eigenmittel, vor allem aber überträgt sie den Eltern von vornherein eine fühlbare Mitverantwortung und erleichtert ihnen durch die strengen Kontrollvorschriften des zuständigen genossenschaftlichen Prüfungsverbands den Einblick in die wirtschaftlichen Vorgänge «ihrer» Schule.

Die Möglichkeit, den alten Gedanken der genossenschaftlichen Selbsthilfe auf Einrichtungen des Bildungswesens anzuwenden, wurde im Bereich der Waldorfpädagogik vor allem durch *Wilhelm Ernst Barkhoff* vertreten, der durch die auf seine Initiative hin begründeten bankähnlichen Institutionen in Bochum vielen Waldorfschulen entscheidend geholfen und Steiners Ideen über die Finanzierung eines «freien Geisteslebens» ihrer Realisierung ein gutes Stück näher gebracht hat. Barkhoff wollte – im Sinne der Steinerschen Anregungen – das bewusste Umgehen mit *Leihgeld* und *Schenkgeld* fördern. In diesem Sinne unterstützte zunächst die 1961 gegründete *Gemeinnützige Treuhandstelle* (*GTS*) gemeinnützige Einrichtungen wie Waldorfschulen, Kindergärten und heilpädagogische Heime mit Zinsbeihilfen, Überbrückungskrediten und Spenden. Die *GLS Gemeinschaftsbank e.G.* (seit 1974, neuerdings vereinigt mit der Frankfurter *Öko-Bank*) befasst sich mit den Geldprozessen des Sparens und Leihens. Die mit der Arbeit dieser Einrichtungen verbundene Beratungstätigkeit für gemeinnützige Institutionen einerseits, für die schnell wachsende Zahl der Geldgeber andererseits intensivierte in der erhofften Weise die menschlichen Beziehungen.[58] Wer im Rahmen dieser Einrichtungen eine Bürgschaft übernimmt, Spargeld ausleiht oder schenkt, entscheidet bewusst darüber, welche persönliche Initiative eines anderen er unterstützt. Geldprozesse werden auf diese Weise mit menschlicher Anteilnahme begleitet. Die GLS-Gemeinschaftsbank bemüht sich deshalb besonders um die Vermittlung von Direktkrediten.[59]

Aus dem Gedanken der unmittelbaren und deshalb von persönlichem Interesse begleiteten Hilfe heraus werden außerdem an vielen Orten so genannte *Leihgemeinschaften* erprobt, Zusammenschlüsse von Menschen, die sich für eine gemeinsame Initiative gegenseitig Kredit, den sie bei der GLS-Gemeinschaftsbank aufnehmen können, zur Verfügung stellen.[60] Es versteht sich, dass auf solche Weise aufgebrachte Gelder mit der größten Sorgfalt und Sparsamkeit verwaltet werden. Die freie Finanzierung des Geisteslebens ist nicht nur menschlicher als die staatliche, sie ist mit Sicherheit auch billiger.

Zur Lehrerbildung

Steiner konnte die eigene Lehrerbildungsstätte, an die er dachte, nicht mehr selbst verwirklichen. Eine erste Einrichtung zur Heranbildung von Waldorflehrern wurde seit 1928 in enger Zusammenarbeit mit der ersten Waldorfschule in Stuttgart aufgebaut, zunächst in Form eines einjährigen Ergänzungsstudiums, und nach dem Zweiten Weltkrieg weitergeführt.[61] Für diesen einjährigen Kurs wird in der Regel eine abgeschlossene pädagogische Ausbildung vorausgesetzt. Eine Erweiterung auf zwei Jahre und ein zusätzliches Jahr des gelenkten Übergangs in die Praxis, von *Erich Gabert* schon bald nach der Wiedereröffnung des Seminars gefordert, erschien zunächst wegen rechtlicher Bedenken und finanzieller Schwierigkeiten nicht durchführbar. Seit 1972 bietet der Bund der Freien Waldorfschulen in Stuttgart neben dem einjährigen Ergänzungsstudium aber auch einen zweijährigen Kurs für Bewerber aus nichtpädagogischen Berufen an, seit 1973 außerdem ein proseminaristisches Jahr für Studienanfänger, die anschließend eine öffentliche Hochschule besuchen oder in den zweijährigen Kurs übergehen können, und inzwischen auch einen vollständigen vierjährigen Ausbildungsgang eigener Prägung. Auf eine längere Tradition blicken auch das *Rudolf-Steiner-Lehrerseminar* in Dornach (Schweiz), das *Emerson College* in Forest Row,

Sussex (England) und das *Rudolf Steiner Seminariet* in Järna (Schweden) zurück.

Seit 1973 arbeitet als erste Waldorflehrerbildungsstätte mit staatlicher Anerkennung die *Hogeschool voor Opvoedkunst* in Zeist (Holland). Im gleichen Jahr begründete der Bund der Freien Waldorfschulen das *Institut für Waldorfpädagogik* in Witten/Ruhr, das inzwischen einen grundständigen Ausbildungsgang von vier- bis fünfjähriger Dauer mit integrierter Fachausbildung entwickelt hat.[62] Weitere Lehrerbildungsstätten mit Vollzeit-Studium unterhält der Bund in Berlin, Hamburg, Heidenheim, Kassel, Kiel, Mannheim und Nürnberg.[63] Die dringende Nachfrage nach qualifizierten Lehrern hat außerdem zur Einrichtung einer größeren Zahl von berufs- und studienbegleitenden Abendkursen geführt. Ausbildungsstätten für Kindergarten-Erzieher gibt es in Dortmund, Hannover, Kassel, München und Stuttgart.

Allen diesen Einrichtungen, die unter großen Opfern zum überwiegenden Teil aus kleinen und kleinsten Spenden von Waldorf-Eltern getragen werden, ist die Erfahrung gemeinsam, dass die veränderten Verhältnisse in den öffentlichen Hochschulen zunehmend problematische Folgen für die Qualifikation des Lehrernachwuchses der Waldorfschulen haben. Die Entwicklung völlig eigenständiger Ausbildungsgänge und deren staatliche Anerkennung als «gleichwertig» im Sinne des Grundgesetzes wird dadurch immer dringender nötig. Auch zeigt es sich bei genauerem Zusehen, dass sich im Werk Steiners, wie es durch die inzwischen fast abgeschlossene Gesamtausgabe zugänglich geworden ist, bedeutende Anregungen für eine Erneuerung der Lehrerbildung finden, die noch kaum aufgegriffen worden sind.[64] Die Waldorflehrerschaft ist sich einig darüber, dass Steiners Erkenntnislehre, seine Beiträge zur Wissenschaftstheorie, seine Anregungen und Übungsanleitungen für das meditative Leben des Lehrers und Erziehers grundlegend für jede Ausbildung zum Lehrer an der Waldorfschule sind. Einigkeit besteht auch hinsichtlich der allgemeinen Notwendigkeit künstlerischen Übens und hinsichtlich mancher Anforderung im Bereich der Unterrichtsmethodik. Über andere wichtige Fragenbereiche hingegen beginnt jetzt erst, mehr als siebzig Jahre nach Steiners Tod, eine erste Verständigung. Es ist inzwischen deutlicher geworden, welche besondere Funktion Steiner den drei Künsten des Plastizierens, der Musik, der Sprache für die Entwicklung bestimmter pädagogischer Kommunikationsfähigkeiten zuschreibt und welcher Kanon von Übungen daraus für die Lehrerbildung hergeleitet werden könnte. Aber es gibt noch keine einhellige Meinung – um nur einige der offenen Probleme zu nennen – über das in den «Volkspädagogischen Vorträgen» von 1919 geforderte Einbeziehen praktischer, körperlicher Arbeit oder kultur- und gesellschaftspolitischer Studien in den Ausbildungsgang, über die von Steiner gewünschte besondere therapeutische Ausbildung für Lehrer, über eine gemeinsame Ausbildung von Lehrern und Ärzten und die Schulung des «Natursinns», über Steiners Aussagen zur biografischen Situation des vierten Jahrsiebts oder über seine Anregungen zum dreistufigen Aufbau einer erneuerten Hochschule. Die Lehrerbildungsstätten der Waldorfbewegung befinden sich, wie die anthroposophischen Ausbildungsstätten überhaupt, seit einigen wenigen Jahren in einer starken Expansion. Man darf hoffen, dass es ihnen im Laufe der nächsten Zeit gelingt, Steiners Ideen zur Lehrerbildung in ihrem ganzen Umfang zu realisieren.

Einen bemerkenswerten Diskussionsbeitrag hierzu hat *Erhard Fucke* vorgelegt.[65] Anhand einer Reihe von Reportagen über Berufsausbildungen in anthroposophisch geleiteten Institutionen (Landwirtschaft, Kunststudienstätte, Industrieanlagenbau, Krankenpflege, Behinderten-Dorf) kommt er zu Überlegungen, die für jede moderne Berufsausbildung, insbesondere aber für die übermäßig stark akademisierte Lehrerbildung neue Perspektiven eröffnen. Zusammenfassend schlägt er vor: «1. Erweiterung des Lehrangebotes, um über die Denkschulung hinaus auch andere menschliche Fähigkeiten zu üben; 2. die Methodik und Didaktik der Lehrangebote stärker an der Erfahrung zu orientieren; 3. die Erfahrung der Studierenden auch auf die gesellschaftliche Wirklichkeit der Arbeitswelt auszudehnen; 4. diese Erfahrung praktisch arbeitend zu erweitern und damit zu einem individuell zu gestaltenden Rhythmus zwischen Lern- und Arbeitsperioden zu kommen; 5. diesen Rhythmus in einem Angebot von Stufenausbildungen zu verwirklichen; 6. in den Stufenausbildungen Mehrfachqualifikationen anzubieten.» Als Mittel zur Realisierung dieser Vorschläge hält Fucke «Arbeits- und Interessengemeinschaften» für möglich, Steiners «Assoziationen». Er beschreibt, wie die oben erwähnten Beratungs- und Finanzierungseinrichtungen (vgl. oben, S. 56 ff.) sich um die Bildung solcher Assoziationen bemühen.

Von ähnlichen Erwägungen ausgehend, haben das *Emerson College* und das *Rudolf Steiner Seminariet* in Järna neben ihrem Zweig für Lehrerbildung einen Zweig für landwirtschaftliche Ausbildung eingerichtet. Das *Institut für Waldorfpädagogik* in Witten betreibt mit seinen Studenten eine Gärtnerei. Es ist durchaus denkbar, dass aus solchen Einrichtungen in absehbarer Zeit Lehrer hervorgehen werden, die zusammen mit ihrer Waldorfschule einen Bauernhof oder einen Gewerbebetrieb führen oder fachkundig darin arbeiten können. Auf jeden Fall sind Versuche in dieser Richtung von der größten Bedeutung für die Vorbereitung der werdenden Lehrer auf die verantwortliche Tätigkeit der kollegialen Selbstverwaltung in ihrer Freien Schule und für die Ausbildung sozialer Fähigkeiten, wie sie für die Förderung der Schüler in ihren Lebensverhältnissen außerhalb der Schule heute durch die Zeitumstände gefordert werden.

Waldorfpädagogik im Gespräch

Das Verhältnis der Steinerschen Pädagogik zur umgebenden Welt war anfangs sehr belastet durch Vorurteile, die der Anthroposophie entgegenstanden. Inzwischen sind die Waldorfschulen geachtete Institutionen des öffentlichen Lebens. Die pädagogische Not der Zeit ist drängender geworden. Man urteilt vorsichtiger über neue Versuche und ist eher geneigt, auch das Ungewöhnliche probeweise gelten zu lassen. So ist der gehässige Ton gewisser Urteile aus den Jahren zwischen den Weltkriegen jetzt kaum noch zu spüren. Der Hamburger Erziehungswissenschaftler *Hans Scheuerl* hat in seinem bekannten Sammelwerk den Begründer der Waldorfpädagogik sogar unter die «Klassiker» der Pädagogik aufgenommen.[66] Dennoch beschränkt sich das Gespräch über die durch Steiner aufgeworfenen Probleme und die Lösungsversuche seiner Schüler noch weitgehend auf den Kreis derer, die aus ihren Lebensverhältnissen heraus der Waldorfschule nahe stehen. Waldorfpädagogen haben sich, teilweise mit beachtlichem Echo, zu aktuellen pädagogischen Problemen geäußert: zur Frage der Einführung kognitiver Lehrmethoden im Vorschulalter, insbesondere zum Frühlesenlernen, zur «Neuen Mathematik», zum programmierten Lernen,[67] zum Einsatz audiovisueller Hilfsmittel im Unterricht,[68] zu den Auswirkungen des Berechtigungswesens.[69] Wie *Klaus J. Fintelmann* in einer umfassenden vergleichenden Studie gezeigt hat,[70] sind im Bereich der Waldorfpädagogik die entschiedensten Modelle einer Integration allgemeiner und beruflicher Bildung entwickelt worden, die es in der Bundesrepublik überhaupt gibt (vgl. auch die Literaturhinweise S. 101 f.). Steiners pädagogische Anthropologie hingegen, seine Anleitungen zur meditativen Schulung und zur Selbsterziehung des Lehrers und die daraus zu gewinnende Unterrichtsmethodik mit ihren fesselnden Spezialproblemen, also der anthroposophische Kernbereich der Waldorfpädagogik, haben sich bisher dem öffentlichen Gespräch fast ganz entzogen. Woran liegt das? Sicher nicht nur an der gelegentlich zu introvertierten Terminologie der Waldorfpädagogik, wie manchmal gemeint wird. Es scheint ein allgemeines Unbehagen, gerade auch bei Fachleuten, gegenüber dem nicht recht greifbaren, aber doch zugleich faszinierenden und herausfordernden historischen Phänomen zu bestehen, das uns mit dem Lebenswerk Steiners gegeben ist. Man empfindet die Unzulänglichkeit der bisherigen Urteile über dieses Werk, zugleich aber auch den Mangel an Kriterien, mit deren Hilfe ein angemessenes Verständnis oder gar eine abschließende Wertung zu gewinnen wäre.

Ein ernst zu nehmendes wissenschaftliches Gespräch über die Waldorfpädagogik kommt nur schwer in Gang. Bis heute trifft man auf die Argumente, mit denen *Karl A. Wiederhold* vor über zwanzig Jahren seine sachliche und wohlwollende Darstellung Steiners in einer Geschichte der Pädagogik des 20. Jahrhunderts[71] in einem besonderen Abschnitt über die «Schwierigkeiten einer kritischen Würdigung» abschließt, Schwierigkeiten, deren Diskussion «Perspektiven für eine künftige Steiner-Forschung konturieren könnte. Er sieht den Nichtanthroposophen, «der sich den von Steiner entwickelten Methoden einer ‹Erkenntnis höherer Welten› nicht unterzogen hat, von einer systemimmanenten Diskussion ausgeschlossen». Er stellt fest, dass es unter Anthroposophen keine kritischen oder kontroversen Interpretationen zu Steiner gebe, nennt als noch immer «bemerkenswerten» Einwand die Meinung, Anthroposophie und Waldorfpädagogik seien als synkretistische Konglomerate fremder Ideen zu erklären,[72] und referiert schließlich die weit verbreitete Auffassung, «dass eine Auseinandersetzung mit Steiner prinzipiell nicht erfolgen könne, da seine Pädagogik mystisch und sektiererisch sei und sich damit einer Verifizierung durch eine auf Vernunft gegründete traditionelle Erziehungswissenschaft entziehe».

Die Waldorfpädagogik erscheint, so gesehen, als eine Welt für sich, irrational in ihrer geistigen Fundierung, introvertiert und nur für Gläubige oder Eingeweihte zugänglich. Es bestünde kein Anlass, sich mit ihr zu befassen, wenn nicht ihre positiven Auswirkungen in einer wachsenden Zahl von Schulen so deutlich wären. Man wird Wiederhold darin zustimmen müssen, dass dies noch Ende der siebziger Jahre des vorigen Jahrhunderts im Großen und Ganzen die vorherrschende Meinung der akademischen Forschung über die Waldorfpädagogik darstellte.

Nun hat sich aber im Bereich dieser Forschung in letzter Zeit vieles verändert. Neuere Entwicklungen der pädagogischen Theorie lassen eine gewisse Aufgeschlossenheit für Steiners Denkweise jetzt eher erwarten als noch vor wenigen Jahren. Ein verbreitetes optimistisches Vertrauen in die Möglichkeiten einer naturwissenschaftlich orientierten empirischen Forschung für die Erziehungspraxis ist inzwischen durch Erfahrung relativiert worden. Wissenschaftstheoretische Grundsatzdiskussionen haben die Berechtigung unterschiedlicher Verfahren einer rationalen Erschließung der Erziehungswirklichkeit klarer hervortreten lassen. Eine neue Welle der Zivilisationskritik, die Umweltdiskussion, der allgemeine Ruf nach unmittelbarer sinnlicher Erfahrung, nach mehr Kunst und Lebenspraxis in der Schule schaffen ein Klima neuer Erwartungen, das den besonderen Ansätzen der Waldorfpädagogik entgegenkommt. Die Nachfrage wächst, und so wächst auch das Bedürfnis nach wissenschaftlicher Kritik und sachgemäßer Deutung des Phänomens. Eine Reihe weiterer Erziehungswissenschaftler haben sich inzwischen zu Worte gemeldet. Polemisch ist da von «Erziehung zur Anthroposophie» die Rede[73] oder von «okkulter Weltanschauung».[74] Vorwiegend wird aber doch nach vermittelnden Positionen und inzwischen auch schon nach Verständnis im Detail gesucht.[75] Und dabei tritt so viel überraschend Neues zu Tage, dass deutlich wird: Von einem zusammenfassenden Urteil über Steiner, das Anspruch auf Ausgewogenheit und Rationalität erheben könnte, sind wir noch weit entfernt.

Waldorfpädagogik und Staatsschule

Oft wird danach gefragt, ob die Methoden der Waldorfschule auf den Bereich des Staatsschulwesens übertragbar seien. Steiner hielt das offenbar durchaus für möglich. Für ihn war die Stuttgarter Waldorfschule keine weltanschaulich festgelegte Einrichtung, sondern eine – wie er sagte – «Methoden-Schule», eine Modelleinrichtung zur Entwicklung pädagogischer Arbeitsweisen, die überall, wo Interesse daran besteht, eingeführt werden können.[76] «Wir nehmen die Verhältnisse, wie sie sind, und bringen in jede Art von Schulwesen dasjenige hinein, was aus diesen Verhältnissen heraus in richtiger pädagogisch-didaktischer Weise zum Menschenheile wirken kann.»[77]

So gibt es inzwischen an vielen staatlichen Schulen Lehrer, die anthroposophische Methoden handhaben und Waldorfpädagogik betreiben, soweit ihnen das gestattet ist. In der Schweiz arbeitet in der *Freien Pädagogischen Vereinigung Bern* seit Jahren ein größerer Kreis solcher Lehrer überregional zusammen[78], in Deutschland neuerdings auch ein Kreis mit ähnlicher Zielsetzung in Bremen.[79] In Rumänien wird Waldorfpädagogik bisher ausschließlich in staatlichen Schulen praktiziert, weitgehend auch in Russland. Der Bund der Waldorfschulen kommt mit seinen öffentlichen Arbeitswochen in Stuttgart, Herne und Hamburg, die zeitweilig von mehr als zweitausend Teilnehmern besucht wurden, einem weit über die Waldorfschule hinaus verbreiteten Bedürfnis nach Orientierung und Anregung entgegen.

Einer freien Verwendung der Anregungen Steiners im Bereich des Staatsschulwesens steht zum mindesten in der Bundesrepublik Deutschland die zunehmende zentralistische Curricularisierung aller schulischen Arbeitsprozesse entgegen, vor allem aber die aus vorgeblichen «Sachzwängen» heraus gegen alle Vernunft voranschreitende Fixierung und Perfektionierung des Berechtigungswesens. Aus der richtigen Erkenntnis, dass die bestehenden Prüfungs- und Zensierungspraktiken keineswegs zuverlässige oder gar vergleichbare Ergebnisse zustande bringen, und aus einem verständlichen Gerechtigkeitsempfinden verlangte schon das bekannte Gutachten des Deutschen Bildungsrats von 1968 über «Begabung und Lernen» ein einheitliches Leistungsmessverfahren, das objektive Vergleiche im gesamten Bundesgebiet und von der Grundschule bis zur Universität garantieren sollte. «Im Hinblick auf die Folgen, die bei der Entscheidung über das Schicksal des Schülers und Studenten an die gegebenen Zensuren geknüpft sind, muss man eine *objektive und allgemein gültige Leistungsmessung* verlangen.»[80] Es sollte sich bei dieser Leistungsmessung weder um psychologische Intelligenzmessungen noch um schriftliche Arbeiten oder Klausuren handeln, sondern um «Stichproben des Gesamt an Kenntnissen». Solche Überprüfungen des Kenntnisstandes sollten regelmäßig für alle Schulen vorgeschrieben und auf dem Wege einer umfassend geplanten Begabungslenkung schließlich zu verschieden gestuften Abschlüssen und damit zu Berechtigungen führen, die der jeweiligen Begabung wirklich angemessen sind. Die bisherige unüberschaubare Vielfalt als gleichwertig angesehener Abschlüsse, die sich als sehr ungleichwertig erwiesen haben, wäre damit in ein objektives, jedem Schüler die gleichen Chancen eröffnendes Stufensystem von Berechtigungen integriert, das reibungslose Übergänge von Schule zu Schule erlauben würde und prognostisch sehr viel zuverlässiger wäre als das jetzt bestehende Berechtigungswesen. In die Gesamtschul-Empfehlung und den «Strukturplan» des Deutschen Bildungsrats, dann auch in Empfehlungen der Kultusministerkonferenz haben diese Vorstellungen weitgehend Eingang gefunden. Mit den neuen, «output»-orientierten Tests nach einheitlichen «Standards», wie sie als Reaktion auf die sensationellen Ergebnisse der PISA-Studie jetzt in ganz Deutschland eingeführt werden sollen, erhält so etwas jetzt wieder Auftrieb. Welche unerträgliche Einschränkung der Lehrfreiheit die notwendige Fixierung der Curricula dabei mit sich bringt, wird nicht gesehen oder stillschweigend in Kauf genommen.

Die Praxis der Waldorfschulen zeigt, dass eine solche Perfektionierung des Berechtigungswesens nicht wünschenswert und nicht notwendig ist. Sie zeigt, dass Chancengleichheit und Begabtenförderung durch Intensivierung der schulischen Milieuwirkungen, durch Steigerung der pädagogischen Unternehmerfreude, durch republikanische Freiheit der Lehrerkollegien keineswegs schlechter, wahrscheinlich aber sehr viel eher und nachhaltiger zu erreichen sind als durch Leistungsdruck und permanente Kontrolle, durch Normierung und Uniformität. Sie mahnt die verantwortlichen Bildungsplaner, bei ihren Überlegungen die Befreiung der halb oder ganz verschütteten individuellen Produktivkräfte des Schulwesens in den Vordergrund zu rücken und nicht ein papiernes Ideal der Maßgerechtigkeit, dessen Realisierung sehr zweifelhaft ist und mit großer Sicherheit schädigende Rückwirkungen auf die entscheidenden Faktoren einer jeden modernen Bildung haben würde. Dass ein Leistungsvergleich innerhalb der einzelnen Schule oder Schulklasse für die notwendige pädagogische Selbstkontrolle durchaus genügt, ist längst überzeugend nachgewiesen.[81]

Die Waldorfschulen kämpfen also nicht nur in eigenem Interesse gegen die Einschränkungen pädagogischen Lebens durch das Berechtigungswesen. Sie erfüllen in dieser Hinsicht eine wichtige Aufklärungsfunktion für das gesamte Schulwesen. Darüber hinaus zeigt sich inzwischen, dass Steiners Ideen über die Befreiung des Geisteslebens vom Zwang des Staates und der Wirtschaft in ihrer Gesamtheit ein immer breiteres Echo finden. Es geht nicht nur um die Einschränkung des Berechtigungswesens. Es geht um pädagogische Freiheit überhaupt als das notwendige Korrelat zu einem menschenwürdigen Verhältnis des einzelnen Bürgers, der Eltern, Lehrer und Schüler zum Rechtsstaat und zu einem nach dem Prinzip der assoziativen «Brüderlichkeit» organisierten Wirtschaftsleben, wie Steiner es in seiner bekannten Schrift über die *Kernpunkte der sozialen Frage* von 1919 dargestellt hat.[82] Zunehmend wird erkannt, dass die gegenwärtig immer noch anhaltende Verfestigung des Staatsschulmonopols eine vorübergehende historische Erscheinung und keineswegs selbstverständlich oder gottgewollt oder gar notwendig ist. Noch zur Goethezeit, als das staatliche Prüfungswesen zunächst in sehr lockerer Form zum ersten Mal institutionalisiert und – damals aus guten Gründen – zentrale Schulverwaltungen eingerichtet wurden, war eine lebhafte Diskussion darüber im Gang, wo die Grenzen der staatlichen Schulaufsicht oder Schulverwaltung zu liegen hätten. Führende Denker wie *W. v. Humboldt* und sein Mitarbeiter *J. W. Süwern, Herbart, Schleiermacher,* der viel zu wenig bekannte *Karl Mager,* später vor allem *F. W. Dörpfeld,* traten für weitgehende Selbstverwaltung und lokale Autonomie im Bildungswesen ein und wollten die Zentralorgane des Staates auf vorübergehende subsidiäre Notmaßnahmen beschränkt sehen. «Freiheit des Lehrers, Lehrfreiheit, Selbstständigkeit von Schule und Lehrer, kollegiale Schulleitung, Verselbstständigung der Schule nach dem Vorbild der Rechtspflege, begrenzte Zuständigkeit des Staates in Fragen innerer Schulangelegenheit sind Gesichtspunkte, die immer wieder auftauchen.»[83] Unvergleichlich mehr Zutrauen in die Initiativkraft und Verantwortungsfähigkeit der einzelnen Bürger und ihrer nach örtlichen Bedingungen differenzierten Gemeinschaftseinrichtungen war damals gegeben als heute. Anfang der achtziger Jahre wurde die Diskussion jener Zeit wieder aktuell. Das Staatsmonopol im Bildungsleben wurde angezweifelt.[84] Man begann zu sehen, wie stark das gegenwärtige System staatlicher Schulverwaltung von den Denkformen des Absolutismus und den daraus hervorgegangenen sozialtechnischen Gewohnheiten bestimmt ist und wie es damit den Prinzipien eines freiheitlichen Rechtsstaates gerade da widerstreitet, wo es sich aufgeklärt-pragmatisch versteht und aufführt.[85] Eine Untersuchung über das akademische Ausbildungswesen in seinem Verhältnis zur Laufbahnordnung im öffentlichen Dienst kam zu der entschiedenen Forderung einer «Entflechtung von universitärer Bildung und höherem öffentlichem Dienst als automatischem, privilegierendem Berechtigungsverbund».[86] Lehrfreiheit für *jeden* Lehrer, wie sie nach allgemeiner Rechtsauffassung noch bis zur Münchener Staatsrechtslehrertagung von 1927 bestand, wurde wieder neu gefordert.[87] Der erste umfassende Versuch, das Recht Freier Schulen von der Verfassung statt von der Verwaltungstradition her zu begründen,[88] erbrachte das weit über den engeren Kreis des Privatschulwesens hinaus interessante Nebenergebnis einer genaueren Eingrenzung der Eingriffsrechte staatlicher Verwaltung im Schulwesen überhaupt. Damit wurden Vorschläge für die Förderung von Selbstverantwortung und mehr persönlicher Teilhabe der Lehrer, Eltern und Schüler im öffentlichen Schulwesen, wie sie der *Deutsche Bildungsrat* und der *Deutsche Juristentag* vorgelegt haben,[89] entschieden unterstützt.

Das Recht der Freien Schulen entwickelt sich seither durch die besonderen, oft so auffallend absurden Zwänge, gegen die es sich durchsetzen muss, zum Diskussionsfeld einer neuen Liberalität im Bildungswesen. So kommt *Johann Peter Vogel* in seiner Untersuchung über *Verfassungswille und Verwaltungswirklichkeit im Privatschulrecht* zu dem Ergebnis: «Das Schulwesen, durch 150 Jahre deutscher Geschichte staatlich bestimmte und im Wesentlichen mit der Gesellschaft im Einverständnis befindliche geschlossene Anstalt, befindet sich heute in einer Krise, die ihre Wurzel in einer Organisationsform hat, die sich trotz gesellschaftlichen und verfassungsrechtlichen Wandels kaum geändert hat. Das von den gesellschaftlichen Bedürfnissen, pädagogischen Ideen und ökonomischen Zwängen viel abhängigere, aber auch flexiblere Schulwesen in freier Trägerschaft und sein verfassungsrechtlicher Ansatz der Vielfalt in Gleichwertigkeit lässt das Privatschulrecht zu einem Pilotrecht für das allgemeine Schulrecht werden.»[90] Sehr wahrscheinlich ist die erstaunlich lebhafte Debatte über Autonomiefragen im öffentlichen Schulwesen, die sich gegen Ende des vorigen Jahrhunderts vorübergehend entwickelt hat,[91] von all dem mit vorbereitet und beträchtlich gefördert worden.

Zwar ist es fraglich, ob die Befürworter einer größeren Autonomie der Lehrerschaft und der einzelnen Schulen im staatlichen Bereich sich in hinreichendem Maße systemverändernd durchsetzen werden, und es wäre sicher unter den gegenwärtigen Verhältnissen utopisch, mit einer völligen Befreiung des Schul- und Bildungswesens von den Eingriffen des Staates im Sinne der Dreigliederungs-Idee Steiners zu rechnen. Freie Schulen werden noch für längere Zeit Ausnahme-Einrichtungen bleiben. Als solche aber sind sie nicht auf ihren engeren Kreis beschränkt. Schon heute setzen sie Maßstäbe der Freiheit im Bildungswesen. Eine fortschrittliche Schulverwaltung kann deshalb nur daran interessiert sein, diese Schulen *in ihrer Eigenart* zu fördern, statt ihnen durch engstirnige Regulative das Leben schwer zu machen. Was im Bereich der Freien Schule blühen darf, trägt Früchte für alle Schulen.

Weiterführende Literatur

Als **einführende Darstellungen der Waldorfpädagogik** sind neben dem bekannten Taschenbuch von *Christoph Lindenberg:* Waldorfschulen: Angstfrei lernen, selbstbewusst handeln. Praxis eines verkannten Schulmodells. Reinbek bei Hamburg 1975 und öfter, vor allem zu nennen: der Bildband, inzwischen in über 20 Sprachen übersetzt, von *Frans Carlgren / Arne Klingborg:* Erziehung zur Freiheit. 8. Aufl. Stuttgart 1996, der gleichfalls reich illustrierte Ausstellungskatalog der Genfer UNESCO-Konferenz von 1994, *Freunde der Erziehungskunst Rudolf Steiners e.V.* (Hrsg.:) Waldorf-Pädagogik, und das Sammelwerk von *Stefan Leber* (Hrsg.): Waldorfschule heute. Einführung in die Lebensformen einer Pädagogik. 3. Aufl. Stuttgart 2001. Einen Vergleich der Forschungsergebnisse Jean Piagets mit der Entwicklungspsychologie Steiners und eine Darstellung der physiologischen Grundlagen des Lernens nach Gesichtspunkten der Waldorfpädagogik bringt *Lindenberg* in einem zweiten Taschenbuch: Die Lebensbedingungen des Erziehens. Reinbek bei Hamburg 1981. *Georg Hartmann:* Erziehung aus Menschenerkenntnis. Goetheanum-Bücher Bd. 4. 3. Aufl. Dornach 1976, bringt instruktive Beispiele aus dem Unterricht. Eine Kurzdarstellung gibt *Gerhard Wehr:* Der pädagogische Impuls Rudolf Steiners. Kindler-Taschenbücher. München 1977. Einen lebendigen

Eindruck vom Alltag der Waldorfschule und von der kollegialen Arbeit der Lehrerschaft an der individuellen Gestalt ihrer Schule vermitteln die drei Selbstdarstellungen aus Bochum, Kassel und Herne (Wanne-Eickel): *Sönke Bai, Wilhelm Ernst Barkhoff* u. a.: Die Rudolf Steiner Schule Ruhrgebiet: Leben, Lehren, Lernen in einer Waldorfschule, Reinbek bei Hamburg 1976; *Erhard Fucke:* Berufliche und allgemeine Bildung in der Sekundarstufe II. Ein Modell. Stuttgart 1976; *Georg Rist* und *Peter Schneider:* Die Hiberniaschule. Von der Lehrwerkstatt zur Gesamtschule: Eine Waldorfschule integriert berufliches und allgemeines Lernen. Reinbek bei Hamburg 1977. Eine theoretische Begründung der Waldorfpädagogik auf der Basis der Erkenntnistheorie und der Ethik Steiners unternimmt *Peter Schneider:* Einführung in die Waldorfpädagogik. Stuttgart 1982. Ein Sammelband der Wissenschaftlichen Buchgesellschaft führt in konzentrierter Form ebenso in die anthropologischen und entwicklungspsychologischen Grundlagen der Waldorfpädagogik ein wie in die Didaktik und Methodik einzelner Schulfächer: *Stefan Leber* (Hrsg.): Die Pädagogik der Waldorfschule und ihre Grundlagen. Darmstadt 1983. Erfahrungen und unterschiedliche Ansichten von Eltern der Waldorfschule reflektieren in freimütiger Weise *Hildegard* und *Jochen Bußmann* (Hrsg.): Unser Kind geht auf die Waldorfschule. Reinbek bei Hamburg 1990. Die oft gestellte kritische Frage, ob die Waldorfschule eine Weltanschauungsschule sei, behandelt *Stefan Leber:* Weltanschauung, Ideologie und Schulwesen. Stuttgart 1989, die Frage nach der Christlichkeit der Waldorfschule der Sammelband *Christentum, Anthroposophie, Waldorfschule.* Waldorfpädagogik im Umfeld konfessioneller Kritik. 3. Aufl. Stuttgart 1988. An Kritiker und Zweifler wendet sich *Johannes Kiersch:* Fragen an die Waldorfschule. Flensburg 1991. Für englisch sprechende Leser seien genannt: *Francis Edmunds:* Rudolf Steiner Education. London (Rudolf Steiner Press) 1979; *A. C. Harwood:* The Recovery of Man in Childhood. A Study in the Educational Work of Rudolf Steiner. 6. Aufl. Spring Valley/New York (Anthroposophic Press) 1982; *Earl J. Ogletree:* Introduction to Waldorf Education: Curriculum and Methods. Washington, D. C. (University Press of America) 1979; *Gilbert Childs:* Steiner Education in Theory und Practice. Edinburgh (Floris Books) 1991; *Torin M. Finser:* School as a Journey. The Eight-Year Odyssey of a Waldorf Teacher and His Class. Hudson N. Y. (Anthroposophic Press) 1994.

Wer Steiner im Original lesen möchte, mag seine Ansprachen für Kinder, Eltern und Lehrer zur Hand nehmen, die einen lebendigen Einblick in die Atmosphäre der ersten Aufbaujahre an der Stuttgarter Schule geben (GA 298), oder die letzten öffentlichen Vorträge, die er in Deutschland über seine Pädagogik gehalten hat, vor 1700 Zuhörern im April 1924: *Die Methodik des Lehrens und die Lebensbedingungen des Erziehens* (GA 308). Die oben zitierte, weit verbreitete kleine Schrift *Die Erziehung des Kindes vom Gesichtspunkte der Geisteswissenschaft* ist stellenweise schwer verständlich und heute eher von historischem Interesse. (Siehe *J. Kiersch:* Waldorfpädagogik am Beginn ihrer Entwicklung. Zur pädagogischen Erstlingsschrift Rudolf Steiners. In: Erziehungskunst 1992, Heft 6/7, S. 549-561.)

Die übrigen öffentlichen Einführungsvorträge Steiners in der Reihenfolge ihrer Entstehung: *Die Erneuerung der pädagogisch-didaktischen Kunst durch Geisteswissenschaft* (Baseler

Lehrerkurs 1920). GA 301; *Die gesunde Entwickelung des Leiblich-Physischen als Grundlage der freien Entfaltung des Seelisch-Geistigen* (Weihnachtskurs für Lehrer 1921/ 22). GA 303; *Erziehungs- und Unterrichtsmethoden auf anthroposophischer Grundlage* (Einzelvorträge 1921/22). GA 304; *Zeitgemäße Erziehung im Kindheits- und Jugendalter* (London 1922). 2. Aufl. Dornach 1976 (aus GA 218); *Über Pädagogik / Pädagogik und Kunst / Pädagogik und Moral* (1923), in: *Die Erziehung des Kindes vom Gesichtspunkte der Geisteswissenschaft*, Dornach 1969; *Die geistig-seelischen Grundkräfte der Erziehungskunst* (Oxford 1922). GA 305, tb 604; *Die pädagogische Praxis vom Gesichtspunkte geisteswissenschaftlicher Menschenerkenntnis* (Dornach 1923). GA 306; *Gegenwärtiges Geistesleben und Erziehung* (Ilkley 1923). GA 307; *Anthroposophische Pädagogik und ihre Voraussetzungen* (Bern 1924). GA 309; *Der pädagogische Wert der Menschenerkenntnis und der Kulturwert der Pädagogik* (Arnheim 1924). GA 310; *Die Kunst des Erziehens aus dem Erfassen der Menschenwesenheit* (Torquay 1924). GA 311.

Werke Steiners werden heute allgemein mit der Nummer der *Gesamtausgabe* (GA) des *Rudolf Steiner Verlags*, Dornach (Schweiz), zitiert. Es handelt sich hierbei nicht um eine kritische Ausgabe nach den heute üblichen philologischen Maßstäben. Die schriftlichen Werke Steiners sind in der letzten von Steiner selbst überarbeiteten Fassung wiedergegeben. Bei den zahlreichen Vorträgen handelt es sich überwiegend um Nachschriften unterschiedlicher Qualität, die Steiner nicht mehr selbst redigieren konnte. Unverzichtbare Hilfsmittel für die systematische Erschließung des umfangreichen Gesamtwerkes sind: die *Bibliographische Übersicht*. Übersichtsbände zur Rudolf Steiner Gesamtausgabe Bd. 1, Dornach 1984, ein umfassendes Gesamtverzeichnis mit Hinweisen auf sämtliche früheren Ausgaben und nützlichem Register, vom Rudolf Steiner Verlag durch seine Bücherverzeichnisse laufend ergänzt, und das vierbändige Register zur Rudolf Steiner Gesamtausgabe von *Emil Mötteli* aus dem gleichen Verlag (Dornach 1998), das derzeit umfangreichste und am detailliertesten aufgeschlüsselte Nachschlagewerk zum Nachlass Steiners. Nützlich sind ferner *Carl Septimus Picht:* Das literarische Lebenswerk Rudolf Steiners. Dornach 1926, und *Hans Schmidt:* Das Vortragswerk Rudolf Steiners. 2. Aufl. Dornach 1978. Alle wichtigen Werke Steiners sind inzwischen auch als Taschenbücher (tb) erhältlich.

Über das **Leben Rudolf Steiners** informiert heute umfassend und auf hohem Niveau *Christoph Lindenberg:* Rudolf Steiner. Eine Biographie. 2 Bde. Stuttgart 1997. Die zuvor veröffentlichte Datensammlung des gleichen Autors: Rudolf Steiner. Eine Chronik. 1861 – 1925. Stuttgart 1988 gibt Gelegenheit, den Werdegang Steiners den chronologisch geordneten Fakten nach zu verfolgen, stellenweise von Tag zu Tag. Etwas weniger umfangreich, aber immer noch empfehlenswert ist *Gerhard Wehr:* Rudolf Steiner. 2. Aufl. München 1987. Insbesondere auf das künstlerische und sozialwissenschaftliche Werk konzentriert sich *Walter Kugler:* Rudolf Steiner und die Anthroposophie. 4. Aufl. Köln 1983. Die bekannte Kurzdarstellung von *Johannes Hemleben*: Rudolf Steiner. Reinbek bei Hamburg 1963 (Rowohlts Monographien Nr. 79) ist inzwischen durch eine modernisierte Fassung in der gleichen Buchreihe von *Christoph Lindenberg* abgelöst worden. Von den zahlreichen Memoiren, die Begegnungen mit Steiner zum Inhalt haben, seien als hervorragende Werke genannt: *Andrej Belyj:* Verwandeln des Lebens. Erinnerungen an Rudolf Steiner. Basel 1975; *Rudolf Grosse:* Erlebte Pädagogik. Dornach 1998; *Friedrich Rittelmeyer:* Meine Lebensbegegnung mit Rudolf Steiner. Stuttgart 11. Aufl. 1993; *Emil Leinhas:* Aus der Arbeit mit Rudolf Steiner. Basel 1950; und der Sammelband *Wir erlebten Rudolf Steiner*, hg. von *M. J. Krück von Poturzyn*, 7. Aufl. Stuttgart 1988.

Das philosophische Werk Steiners gliedert sich in die frühen, vor allem erkenntnistheoretischen Schriften, von denen hier die *Grundlinien einer Erkenntnistheorie der Goetheschen Weltanschauung* (1886. GA 2. tb 629), *Die Philosophie der Freiheit* (1894. GA 4. tb 627) und *Goethes Weltanschauung* (1897. GA 6. tb 625) genannt seien, in Betrachtungen zum Verhältnis von empirischer Forschung der üblichen Art zur anthroposophischen «Geistesforschung», unter denen der Vortrag vom 8. April 1911 auf dem Internationalen Philosophie-Kongress in Bologna (sog. «Bologna-Vortrag») *Die psychologischen Grundlagen und die erkenntnistheoretische Stellung der Anthroposophie* (in GA 35) und das Buch *Von Seelenrätseln* von 1917 (GA 21) eine Schlüsselposition einnehmen, und schließlich in das umfangreiche Werk *Die Rätsel der Philosophie* von 1914 (GA 18), in welchem Steiner sein Bild von der Weltgeschichte des philosophischen Denkens und dem Verhältnis seiner eigenen Position dazu entwirft.

Steiner selbst gibt einen Rückblick auf die Entwicklung seiner erkenntnistheoretischen Ideen in: *Die Geisteswissenschaft als Anthroposophie und die zeitgenössische Erkenntnis-*

theorie, Neudruck Dornach 1950. Eine Gesamtdarstellung unternimmt *Bernhard Kallert:* Die Erkenntnistheorie Rudolf Steiners. 2. Aufl. Stuttgart 1971. Einen anregenden Einblick in die Problematik vermitteln *Carl Unger:* Schriften, Band 1 und 2, Stuttgart 1965/66; *Christoph Lindenberg:* Individualismus und offenbare Religion. 2. Aufl. Stuttgart 1996; Wahrheit und Wirklichkeit der Spiegelgefechte. Zur Kritik des Ideologie-begriffs, in: *Die Drei,* Jg. 1970, Heft 1, S. 15 ff.; und *Herbert Witzenmann:* Intuition und Beobachtung. 2 Bde., Stuttgart 1977 und 1978. Die Stellung der Anthroposophie in der wis-senschaftstheoretischen Diskussion der Gegenwart beschreibt in anregender Weise *Günter Röschert:* Anthroposophie als Aufklärung. München 1997.

Die **grundlegenden anthroposophischen Schriften** er-schienen erst nach der Jahrhundertwende. Steiner veröffent-lichte zunächst einen Umriss seiner später durch mehrere Vortragszyklen erweiterten Christologie in *Das Christentum als mystische Tatsache und die Mysterien des Altertums* (1902. GA 8. tb 619). Es folgten eine Einführung in die anthroposoph-ische Praxis der Meditation in *Wie erlangt man Erkenntnisse der höheren Welten?* (1904/05. GA 10. tb 600) und eine erste Darstellung des anthroposophischen Bildes vom Menschen in *Theosophie. Einführung in übersinnliche Welterkenntnis und Menschenbestimmung* (1904. GA 9. tb 615). Daran schloss sich nach einigen Jahren das grundlegende Werk zur Kosmologie an: *Die Geheimwissenschaft im Umriss* (1910. GA 13. tb 601). Alle diese Schriften enthalten Hinweise auf die von Steiner entwickelten *Meditationsübungen.* Weitere Literatur zu die-sem Thema in dem Taschenbuch *Rudolf Steiner,* Wege der

Übung. Themen aus dem Gesamtwerk Bd. 1, hrsg. von *Stefan Leber*. 5. Aufl. Stuttgart 1994.

Steiners Intentionen auf dem Gebiet der **Bildenden Künste** und seine Ideen zur **Ästhetik** werden, einschließlich ihrer historischen Bezüge, souverän dargestellt bei *Hagen Biesantz* und *Arne Klingborg:* Das Goetheanum. Der Bau-Impuls Rudolf Steiners. Dornach 1978. Für das Gebiet der Architektur sind außerdem zu nennen – neben den einführenden Darstellungen Steiners in *Der Baugedanke des Goetheanums.* Dornach (Philosophisch-Anthroposophischer Verlag am Goetheanum) 1983, und *Wege zu einem neuen Baustil* (GA 286) – als zusammenfassende Werke vor allem *Carl Kemper:* Der Bau. Studien zur Architektur und Plastik des ersten Goetheanum. 3. Aufl. Stuttgart 1985; *Erich Zimmer:* Rudolf Steiner als Architekt von Wohn- und Zweckbauten. 2. Aufl. Stuttgart 1985 und *Rex Raab, Arne Klingborg, Ake Fant:* Sprechender Beton. Wie Rudolf Steiner den Stahlbeton verwendete. Dornach 1972. Mit Versuchen aus der Zeit des Goetheanum-Baues befassen sich auch *Ake Fant, Arne Klingborg, A. John Wilkes:* Die Holzplastik Rudolf Steiners in Dornach. 2. Aufl. Dornach 1981, *Assia Turgenieff:* Rudolf Steiners Entwürfe für die Glasfenster des Goetheanum. Dornach 1961 und *Hilde Raske:* Das Farbenwort. Rudolf Steiners Malerei und Fensterkunst im ersten Goetheanum. Stuttgart 1983. Für das Gebiet der Grafik und der Gestaltung von Gebrauchsgegenständen ist noch immer grundlegend *Hedwig Hauck:* Kunst und Handarbeit. 6. Aufl. Stuttgart 1993.

Großes Aufsehen erregte vor einigen Jahren die Wiederentdeckung der Wandtafel-Zeichnungen Steiners, die er als

«Denkbilder» während seiner Vorträge vor den Augen der Zuhörer entstehen ließ und die zu einem beträchtlichen Teil erhalten geblieben sind. Sie wurden seither weltweit auf Ausstellungen gezeigt und sind auch pädagogisch von Interesse. Siehe *M. Bockemühl / W. Kugler:* DenkZeichen und Sprach-Gebärde: Tafelzeichnungen Rudolf Steiners. Stuttgart 1993. *M. M. Sam:* Bildspuren der Imagination. Rudolf Steiners Tafelzeichnungen als Denkbilder. Dornach 2000.

Seine **Soziallehre** entwickelt Steiner in der Schrift *Die Kernpunkte der sozialen Frage in den Lebensnotwendigkeiten der Gegenwart und Zukunft* (1919. GA 23. tb 606) und in einer Reihe von Zeitschriftenbeiträgen, gesammelt als *Aufsätze über die Dreigliederung des sozialen Organismus und zur Zeitlage 1915 bis 1921* (GA 24) (zum Teil auch in *Zur Dreigliederung des sozialen Organismus.* Gesammelte Aufsätze 1919-1921, Rudolf Steiner Taschenbuch-Ausgaben Bd. 10, 2. Aufl. Stuttgart 1972), ferner in mehreren Vortragsreihen, von denen besonders der *Nationalökonomische Kurs* (1922. GA 340) als grundlegend gilt. Zusammenfassend *Stefan Leber:* Selbstverwirklichung – Mündigkeit – Sozialität. Eine Einführung in die Dreigliederung des sozialen Organismus, Stuttgart 1978. *Dieter Brüll:* Der anthroposophische Sozialimpuls. Schaffhausen 1984. Ein detailliertes Bild von Steiners politischer Aufklärungstätigkeit während der Vorbereitung seiner Schulgründung gibt *Albert Schmelzer:* Die Dreigliederungsbewegung 1919. Rudolf Steiners Einsatz für den Selbstverwaltungsimpuls. Stuttgart 1991.

Die systematische Erschließung des in den Schriften und im Vortragswerk Rudolf Steiners gegeben Textmaterials zur

pädagogischen Anthropologie befindet sich noch immer in den Anfängen. Einen detaillierten Gesamtüberblick gibt *Stefan Leber:* Die Menschenkunde der Waldorfpädagogik. Anthropologische Grundlagen der Erziehung des Kindes und Jugendlichen. Stuttgart 1993. Einführende Interpretationen zweier grundlegender Texte: *Johannes Kiersch:* Waldorfpädagogik am Beginn ihrer Entwicklung. Zur pädagogischen Erstlingsschrift Rudolf Steiners. In: *Erziehungskunst* 1992, 6/7, S. 549-561; *ders.:* Einführung und Kommentar zu Rudolf Steiner: Allgemeine Menschenkunde. Dornach 1995. Für jede künftige Forschung auf diesem Gebiet grundlegend ist das umfangreiche Werk des Mediziners *Peter Selg:* Vom Logos menschlicher Physis. Die Entfaltung einer anthroposophischen Humanphysiologie im Werk Rudolf Steiners. Dornach 2000. Einen wichtigen Teilbereich behandelt mit eindrucksvoller Ausführlichkeit und Materialfülle *Stefan Leber:* Kommentar zu Rudolf Steiners Vorträgen über Allgemeine Menschenkunde als Grundlage der Pädagogik. 3 Bde. Stuttgart 2002. Wie fruchtbar es schon heute sein kann, Steiners Ideen mit neueren Entdeckungen der modernen empirischen Forschung in Beziehung zu bringen, zeigen *Christian Rittelmeyer:* Pädagogische Anthropologie des Leibes, Weinheim und München 2002, und *Johannes W. Rohen:* Morphologie des menschlichen Organismus, Stuttgart 2000.

Im Bereich der **Wesensgliederlehre** kann man sich zunächst an die grundlegende Darstellung Steiners in seiner *Theosophie* (GA 9) halten. Dieser erste Entwurf wird jedoch später nicht nur in Einzelheiten ergänzt; er erfährt Modifikationen durch methodisch veränderte neue Darstellungen unterschiedlicher

Art, mit denen er nicht leicht in ein geschlossenes Gesamt-
bild zu bringen ist. Hierzu gehören u. a. die entsprechenden
Partien der *Geheimwissenschaft* von 1910 (GA 13), die anthro-
pologischen Meditationen von 1912 (GA 16) und der große
Versuch einer Neufassung der *Theosophie* von 1924 (GA 234).
Speziell zum Begriff des Äther- oder Lebensleibes siehe *Jochen
Bockemühl* (Hrsg.): Erscheinungsformen des Ätherischen.
Wege zum Erfahren des Lebendigen in Natur und Mensch.
2. Aufl. Stuttgart 1985.

Steiners Ideen über die **vier Temperamente** und ihre Bedeutung in der Schule sind inzwischen eingehend dargestellt bei
Peter Lipps: Temperamente und Pädagogik. Eine Darstellung
für den Unterricht an der Waldorfschule. Stuttgart 1998.
Siehe dazu auch die von *C. Englert-Faye* hergestellte Fassung
eines an verschiedenen Orten gehaltenen Vortrages Rudolf
Steiners über *Das Geheimnis der menschlichen Temperamente.*
Basel 1967 (mit Literaturangaben) sowie *Rudolf Steiner über
die Temperamente.* Zusammenfassende und referierende Texte
von *Detlef Sixel.* Dornach 1996. Ausführliche Diskussion des
Steinerschen Temperamentbegriffs bei *Stefan Leber:* Die Menschenkunde der Waldorfpädagogik. Stuttgart 1993, S. 308 ff.

Das weite Gebiet der Lehre von der **Dreigliederung des Seelenlebens** in die Tätigkeiten des Denkens, Fühlens und Wollens
wird von Steiner im 6. Teil des Anhangs zu *Von Seelenrätseln*
(s. o.) zum ersten Mal umfassend skizziert und in zahlreichen
Vorträgen weiter ausgeführt. Für den pädagogischen Zusammenhang sind die Darstellungen in dem Lehrerkurs *Allgemeine
Menschenkunde* (GA 293) grundlegend. Eine hilfreiche Einfüh-

rung in den ganzen Problemkreis gibt *Wolfgang Schad:* Säugetiere und Mensch. Zur Gestaltbiologie vom Gesichtspunkt der Dreigliederung. Stuttgart 1971, S. 17 ff. Im Hinblick auf den Menschenkunde-Unterricht der Waldorfschule konzipiert ist *Lothar Vogel:* Der dreigliedrige Mensch. Morphologische Grundlagen einer allgemeinen Menschenkunde. 3. Aufl. Dornach 1992. Einige wichtige pädagogische Aspekte werden von *Willi Aeppli:* Wesen und Ausbildung der Urteilskraft. Stuttgart 1963, herausgearbeitet. Zur Nervenlehre und zur Physiologie des Bewegungsorganismus siehe besonders das Sammelwerk von *Wolfgang Schad* (Hrsg.): Die menschliche Nervenorganisation und die soziale Frage. Stuttgart 1992.

Eine kurz gefasste Einführung in die **Sinneslehre** Rudolf Steiners gibt *Christoph Lindenberg* in: Rudolf Steiner: Zur Sinneslehre. Themen aus dem Gesamtwerk Bd. 3. 4. Aufl. Stuttgart 1994, einen ausführlichen Gesamtüberblick *Hans Erhard Lauer:* Die zwölf Sinne des Menschen. 2. Aufl. Schaffhausen 1977, und eine einführende Darstellung *Albert Soesman:* Die zwölf Sinne. Tore der Seele. 5. Aufl. Stuttgart 2003. Eine Reihe von Spezialuntersuchungen bezieht Steiners grundlegende Ideen auf die neuere empirische und philosophische Forschung: *Karl König:* Sinnesentwicklung und Leiberfahrung. Heilpädagogische Gesichtspunkte zur Sinneslehre Rudolf Steiners. 4. Aufl. Stuttgart 1995. *Hans Jürgen Scheurle:* Die Gesamtsinnesorganisation. Überwindung der Subjekt-Objekt-Spaltung in der Sinneslehre. Phänomenologische und erkenntnistheoretische Grundlagen der allgemeinen Sinnesphysiologie. 2. Aufl. Stuttgart 1984. *Bernardo Gut:* Die Verbindlichkeit frei gesetzter Intentionen. Entwürfe zu einer Philosophie über

den Menschen. Stuttgart 1990. *Peter Lutzker:* Der Sprach-
sinn. Sprachwahrnehmung als Sinnesvorgang. Stuttgart
1996. Pädagogische Konsequenzen behandelt *Willi Aeppli:*
Sinnesorganismus, Sinnesverlust, Sinnespflege. Die Sinneslehre Rudolf Steiners in ihrer Bedeutung für die Erziehung.
5. Aufl. Stuttgart 1996. Schlussfolgerungen für den Umgang
mit den modernen Medien bei *Heinz Buddemeier:* Illusion
und Manipulation. Die Wirkung von Film und Fernsehen
auf Individuum und Gesellschaft. Stuttgart 1987; *ders.:* Leben
in künstlichen Welten. Cyberspace, Videoclips und das tägli-
che Fernsehen. Stuttgart 1993. *Rainer Patzlaff:* Medienmagie
und die Herrschaft über die Sinne. Stuttgart 1992; *ders.:*
Bildschirmtechnik und Bewusstseinsmanipulation. Stuttgart
1985; und vor allem ders.: Der gefrorene Blick. Physiologische
Wirkungen des Fernsehens und die Entwicklung des Kindes.
2. Aufl. Stuttgart 2001.

Eine Sonderstellung unter den Texten zur pädagogischen Anthropologie Steiners beanspruchen die **Kurse für das Lehrerkollegium der Freien Waldorfschule in Stuttgart.** Sie setzen
die Kenntnis der grundlegenden anthroposophischen Schriften Steiners voraus, sind nicht leicht zu interpretieren und
sollten nicht, wie dies aus mangelnder Sachkenntnis häufig
noch geschieht, als Einführungen empfohlen werden: *Allgemeine Menschenkunde als Grundlage der Pädagogik* (1919). GA
293. tb 617; *Erziehungskunst. Methodisch-Didaktisches* (1919).
GA 294. tb 618; *Erziehungskunst. Seminarbesprechungen und
Lehrplanvorträge* (1919). GA 295; *Geisteswissenschaftliche
Sprachbetrachtungen* (1919/20). GA 299; *Meditativ erarbeitete
Menschenkunde* (1920). Basel 1961; *Menschenerkenntnis und*

Unterrichtsgestaltung (Ergänzungskurs 1921). GA 302; *Erziehungsfragen im Reifealter / Zur künstlerischen Gestaltung des Unterrichts* (1922). Stuttgart 1958; *Anregungen zur innerlichen Durchdringung des Lehr- und Erzieherberufes* (1923). Basel 1956. (Die Kurse von 1920, 1922 und 1923 sind zusammen erschienen unter dem Titel *Erziehung und Unterricht aus Menschenerkenntnis*. GA 302a.) Zu diesen Kursen gehören die sehr fragmentarisch erhaltenen *Konferenzen Rudolf Steiners mit den Lehrern der Freien Waldorfschule in Stuttgart 1919 – 1924*. GA 300 a – c. Eine Zusammenstellung des sehr unübersichtlichen Materials der Konferenznachschriften gibt, nach Problemkreisen geordnet, *Hellmut Huber:* Von den Lebensbedingungen einer Freien Waldorfschule. Stuttgart 1969 (Manuskriptvervielfältigung des Bundes der Waldorfschulen). Eine Sonderstellung nehmen auch die sog. *Volkspädagogischen Vorträge* (1919) ein, in denen Steiner wenige Monate vor der Begründung der ersten Waldorfschule in besonders entschiedener Form die Idee einer praxisbezogenen und dennoch menschenbildenden Gesamtschule vertritt und auf die deshalb in der internen Reformdiskussion der Waldorfschulen häufig Bezug genommen wird (neu veröffentlicht in *Geisteswissenschaftliche Behandlung sozialer und pädagogischer Fragen*. GA 192, und als Sonderdruck unter dem Titel: *Neuorientierung des Erziehungswesens im Sinne eines freien Geisteslebens*. Dornach 1980). Im engeren Kreis der Waldorflehrer und weniger vor Gästen sind auch die *Geisteswissenschaftlichen Sprachbetrachtungen* (1919/20). GA 299, und die drei *Naturwissenschaftlichen Kurse* gehalten worden (1919-1921). GA 320, 321 und 323.

Auf dem Gebiet der **Vorschulerziehung** hat sich unter den Schülern Steiners eine enge Zusammenarbeit mit Medizin und Heilpädagogik ergeben. Weit verbreitet sind die praxisbezogenen Darstellungen von *Wolfgang Goebel* und *Michaela Glöckler:* Kindersprechstunde. 14. Aufl. Stuttgart 2001, und *Karl König:* Die ersten drei Jahre des Kindes. 11. Aufl. Stuttgart 2003. Ähnlich gut bekannt ist die von *Helmut von Kügelgen* herausgegebene Einführungsschrift, *Plan und Praxis des Waldorfkindergartens*, Stuttgart 1991.

Steiners Ideen zur **Pädagogik des Schulalters** sind u.a. in den oben genannten einführenden Schriften von *Carlgren/ Klingborg, Edmunds, Hartmann, Leber* und *Lindenberg* sowie in den Lehrplanwerken von *Tobias Richter* und *Martyn Rawson* (siehe unten) skizziert. Einzelfragen behandeln *Erika Dühnfort:* Die Klassenlehrerzeit (1. – 8. Schuljahr) in: *Pädagogik heute*, Jg. 1969, Heft 1/2, S. 23 ff.; *Gunter Zickwolff:* Von der Arbeit in der Oberstufe (9. – 12. Schuljahr), ebd., S. 28 ff. Eine anthropologisch breit fundierte Entwicklungspsychologie, die den Zeitraum des neunten bis zwölften Lebensjahrs im Hinblick auf die Gesamtbiografie des jungen Menschen neu interpretiert, bietet *Hans Müller-Wiedemann:* Mitte der Kindheit. Das neunte bis zwölfte Lebensjahr. Eine biografische Phänomenologie der kindlichen Entwicklung. 6. Aufl. Stuttgart 2003. Stärker praxisbezogen sind die entwicklungspsychologischen Darstellungen von *Hermann Koepke:* Das siebte Lebensjahr. 2. Aufl. Dornach 1997; Das neunte Lebensjahr. 9. Aufl. Dornach 2002; Das zwölfte Lebensjahr. 5. Aufl. Dornach 1997.

Rudolf Steiners Begriff des Erziehens als «Kunst» setzt einer Fixierung des Unterrichtsgeschehens im Sinne der landläufigen Curriculumtheorie enge Grenzen. Wer den «Lehrplan» einer Waldorfschule beschreiben will, befindet sich deshalb in der Situation eines Kunsthistorikers, der das Gewordene darstellt oder beurteilt, ohne dabei nach bindenden Anweisungen für künftige Produktionen zu suchen. So beschränkten sich die Lehrplandiskussionen der Waldorflehrerschaft für lange Zeit auf den Gedankenaustausch in der allwöchentlichen Konferenz oder bei Fortbildungstagungen oder auf speziellere Darstellungen in Zeitschriften. Für den Zweck einer ersten Information und für einen raschen Überblick genügte *Caroline von Heydebrand:* Vom Lehrplan der Freien Waldorfschule. 10. Aufl. Stuttgart 1994, eine eher skizzenhafte Darstellung, die den Stand der Praxis an der Stuttgarter Waldorfschule kurz nach dem Tode Steiners (Oktober 1925) im Umriss festgehalten hat. Das verdienstvolle Werk ist heute eher von historischem Interesse und gibt nicht den gegenwärtigen Stand der Diskussion wieder. Als nützliches, wenn auch fragmentarisches Nachschlagewerk, das wichtige Formulierungen aus dem pädagogischen Vortragswerk Rudolf Steiners nach den einzelnen Unterrichtsgebieten geordnet zusammenstellt und behutsam kommentiert, kam nach dem Zweiten Weltkrieg das Sammelwerk von *E. A. K. Stockmeyer* hinzu (jetzt unter dem Titel: Angaben Rudolf Steiners für den Waldorfschulunterricht. Manuskriptvervielfältigung der Pädagogischen Forschungsstelle beim Bund der Freien Waldorfschulen. Stuttgart 1988). Im Übrigen konzentrierte sich die Forschungs- und Entwicklungsarbeit der Waldorflehrerschaft auf Einzeldarstellungen zu den verschiedenen Fachgebieten, deren Zahl seither beträchtlich zugenommen hat. Erst in den letzten Jahren hat eine grundsätzliche didaktische Besinnung auf die Möglichkeiten, Bedingungen und Grenzen von «Lehrplänen» für Waldorfschulen begonnen, nicht zuletzt dadurch, dass die Waldorfpädagogik stärker in außereuropäische Kulturkreise eingewandert ist und dass sie sich den Verhältnissen in den ehemals sowjetischen Ländern anzupassen hat. Vorläufiges Ergebnis sind eine Handreichung für Klassenlehrer an Waldorfschulen (Arbeitsmaterial für den Klassenlehrer. Zur Unterrichtsgestaltung der 1. bis 8. Klasse. Studienmaterial der Pädagogischen Sektion und der Pädagogischen Forschungsstelle. Manuskriptdruck 1994) und die im Anschluss an den Entwurf einer österreichischen Lehrergruppe für das Wiener Unterrichtsministerium erarbeitete Darstellung von *Tobias Richter* (Hrsg.): Pädagogischer Auftrag und Unterrichtsziele – vom Lehrplan der Waldorfschule. Stuttgart 2003. Dieses umfangreiche Werk, unter Mitwirkung zahlreicher Fachleute nach längerer Diskussion im Detail vervollständigt, beschreibt in vieler Hinsicht den inzwischen erreichten Stand des Gesprächs an den eher traditionsorientierten Waldorfschulen in Deutschland, erreicht aber nicht das theoretische Niveau und auch nicht die praxisgerechte Übersichtlichkeit des konkurrierenden englischsprachigen Lehrplanwerks von *Martyn Rawson / Tobias Richter (Ed.):* The Educational Tasks and Content of the Steiner Waldorf Curriculum. Steiner Schools Fellowship Publications 2000 (ISBN 1 900169 07 X). Eine hilfreiche, umfassende Sammlung von Einzeldarstellungen aus der Zeitschrift *Erziehungskunst* bringt *Helmut Neuffer* (Hrsg.): Zum Unterricht des Klassen-

lehrers an der Waldorfschule. Ein Kompendium. Stuttgart
2. Aufl. 2000. Weiteres Material erschließt das durch Gerd
von Glasow bearbeitete Register der Zeitschrift *Erziehungs-*
kunst, hrsg. von der Pädagogischen Forschungsstelle beim
Bund der Freien Waldorfschulen. Stuttgart 1968/1978/1988.
Vorüberlegungen für ein waldorfspezifisches Curriculum bei
Christoph Gögelein: Geschichte und Prinzipien des «Lehr-
plans» der Waldorfschule. Zur Lehrplankonstitution der Pädagogik Rudolf Steiners. In: *Achim Hellmich / Peter Teigeler*
(Hrsg.): Montessori-, Freinet-, Waldorfpädagogik. Konzep-
tion und aktuelle Praxis. Weinheim und Basel 1992; *ders.:*
Was sind bestimmende Grundlagen der Waldorfpädagogik
und aus welchen Quellen schöpft sie? In: *Fritz Bohnsack /*
Ernst-Michael Kranich (Hrsg.): Erziehungswissenschaft und
Waldorfpädagogik. Weinheim und Basel 1990, S. 185-204;
Johannes Kiersch: Gemeinsamkeit in Vielfalt. Zur Genese
von Lehrplänen nach der Pädagogik Rudolf Steiners. In:
Erziehungskunst 1995, 7/8, S. 1037-1042.

Wichtige Darstellungen aus den **einzelnen Unterrichtsge-
bieten:**
DEUTSCH: *Erika Dühnfort:* Der Sprachbau als Kunstwerk.
Grammatik im Rahmen der Waldorfpädagogik. 3. Aufl.
Stuttgart 1997; *dies.:* Rechtschreibung – welchen pädagogi-
schen Wert kann sie haben? Waldorfpädagogik in der me-
thodischen Handhabung des Schreib- und Leseunterrichts.
Stuttgart 1992; *Heinz Müller:* Von der heilenden Kraft des
Wortes und der Rhythmen. Die Zeugnissprüche in der
Erziehungskunst Rudolf Steiners. 4. Aufl. Stuttgart 1995;
Erika Dühnfort / Ernst-Michael Kranich: Der Anfangsunter-

richt im Schreiben und Lesen in seiner Bedeutung für das Lernen und die Entwicklung des Kindes. 5. Aufl. Stuttgart 1997; *Erhard Fucke:* Die Bedeutung der Fantasie für Emanzipation und Autonomie des Menschen. Die «sinnige Geschichte» als ein Beispiel für die Fantasiepflege in den ersten Volksschuljahren. 2. Aufl. Stuttgart 1981; *Peter Guttenhöfer:* Der Deutschunterricht in der Oberstufe. In: *Stefan Leber* (Hrsg.): Die Pädagogik der Waldorfschule und ihre Grundlagen. Darmstadt 1983. S. 134 – 164; *Heinrich Schirmer:* Bildekräfte der Dichtung. Zum Literaturunterricht der Oberstufe. Stuttgart 1993; *Christoph Göpfert* (Hrsg.): Jugend und Literatur. Anregungen zum Deutschunterricht. Stuttgart 1994.

KUNSTBETRACHTUNG*: Erich Schwebsch:* Zur ästhetischen Erziehung. Stuttgart 1954; *Hildegard Gerbert:* Menschenbildung aus Kunstverständnis. 2. Aufl. Stuttgart 1983.

GESCHICHTE*: Christoph Lindenberg:* Geschichte lehren. Thematische Anregungen zum Lehrplan. 2. Aufl. Stuttgart 1991; *Rudolf Steiner:* Geschichtserkenntnis. Themen aus dem Gesamtwerk Bd. 8. Stuttgart 1982 (mit einem Nachwort über den Begriff der «symptomatologischen» Geschichtsbetrachtung Steiners von Christoph Lindenberg); *Johannes Tautz:* Zur Methode des Geschichtsunterrichts an der Freien Waldorfschule, in: Das Lehren der Geschichte, hg. von *Reinhard Mielitz,* Göttingen 1969; *Erich Gabert:* Die Weltgeschichte und das Menschen-Ich. Eine Einführung in die Geschichtsauffassung Rudolf Steiners. Stuttgart 1967. *Albert Schmelzer:* Wer Revolution machen will … Zum Geschichtsunterricht der 9. Klasse an Waldorfschulen. Stuttgart 2000; *ders.:* Aktuelles Mittelalter. Zum Geschichtsunterricht der 11. Klasse an Waldorfschulen. Stuttgart 2003.

SOZIALKUNDE*: Stefan Leber:* Sozialbildung an der Waldorfschule, in: *Erziehungskunst,* Jg. 1972, Heft 1, S. 10 ff.; Vom Industriepraktikum an Waldorfschulen, Sonderheft der Erziehungskunst, Jg. 1972, Heft 3.

MATHEMATIK UND DARSTELLENDE GEOMETRIE: *Hermann von Baravalle:* Zur Pädagogik der Physik und Mathematik. Stuttgart 1964; *Ernst Bindel:* Die geistigen Grundlagen der Zahlen. 6. Aufl. Stuttgart 2003; *ders.:* Logarithmen für jedermann. 3. Aufl. Stuttgart 1983; *Louis Locher-Ernst:* Raum und Gegenraum. 3. Aufl. Dornach 1988; *ders.:* Freie Geometrie ebener Kurven. Basel 1952; *Ernst Schuberth:* Der Aufbau des Mathematikunterrichts in der Waldorfschule. In: *Stefan Leber* (Hrsg.): Die Pädagogik der Waldorfschule und ihre Grundlagen. Darmstadt 1983. S. 196-210; *ders.:* Der Anfangsunterricht in der Mathematik an Waldorfschulen. 2. Aufl. Stuttgart 2001; *ders.:* Der Geometrieunterricht an Waldorfschulen. 3 Bde. Stuttgart 1997 ff.; *ders.:* Der Mathematikunterricht in der sechsten Klasse an Waldorfschulen. Teil I: Die Einführung der Algebra aus der Wirtschaftskunde. Stuttgart 1994; *Arnold Bernhard:* Algebra für die siebte und achte Klasse an Waldorfschulen. Stuttgart 1991; *ders.:* Geometrie für die siebte und achte Klasse an Waldorfschulen. 2. Aufl. Stuttgart 1996; *ders.:* Vom Formenzeichen zur Geometrie der Mittelstufe. Anregungen für das Wecken des geometrischen Denkens in der 6., 7. und 8. Klasse. Stuttgart 1996; *ders.:* Projektive

Geometrie. Aus der Raumanschauung zeichnend entwickelt. Stuttgart 1984; *Arnold Wyss* u. a.: Lebendiges Denken durch Geometrie. 4. Aufl. Stuttgart 1995; *Bengt Ulin:* Der Lösung auf der Spur. Ziele und Methoden des Mathematikunterrichts. Stuttgart 1987. Mit ausführlicher Bibliografie: *Ernst Schuberth* in *D. Volk* (Hrsg.): Kritische Stichwörter zum Mathematikunterricht. München 1979, S. 350-365.

ASTRONOMIE: *Hermann von Baravalle:* Die Erscheinungen am Sternenhimmel. 4. Aufl. Stuttgart 1962; *Joachim Schultz:* Rhythmen der Sterne. Erscheinungen und Bewegungen von Sonne, Mond und Planeten. 3. Aufl. Dornach 1985; *Konrad Rudnicki:* Die Sekunde der Kosmologen. Frankfurt a. M. 1982.; *Walter Kraul:* Erscheinungen am Sternenhimmel. Stuttgart 2002.

GEOGRAFIE: *Ekkehard Meffert:* Die Reform des geografischen Curriculum und die Waldorfpädagogik, in: *Erziehungskunst,* Jg. 1972, Heft 2, S. 37 ff.; *Christoph Göpfert* (Hrsg.): Das lebendige Wesen der Erde. Zum Geografieunterricht der Oberstufe. Stuttgart 1999; *Hans-Ulrich Schmutz:* Erdkunde in der 9. bis 12. Klasse an Waldorfschulen. Stuttgart 2001. *Andreas Suchantke* u.a.: Mitte der Erde. Israel und Palästina im Brennpunkt natur- und kulturgeschichtlicher Entwicklungen. 2. Aufl. Stuttgart 1996; *Andreas Suchantke:* Sonnensavannen und Nebenwälder. Pflanzen, Tiere und Menschen in Ostafrika. 2. Aufl. Stuttgart 1992; *ders.:* Der Kontinent der Kolibris. Landschaften und Lebensformen in den Tropen Südamerikas. Stuttgart 1982; *Joachim von Königslöw:* Flüsse Mitteleuropas. Zehn Biografien. Stuttgart 1995.

PHYSIK: *Manfred von Mackensen:* Klang, Helligkeit und Wärme. Phänomenologischer Physikunterricht, entwickelt aus Praxis und Theorie der Waldorfschule. Manuskriptverviel-fältigung Kassel 1982. Neuauflage 2003; *Hermann von Bara-valle:* Physik als reine Phänomenologie. 2 Bände. Stuttgart 1993 und 1996; *Georg Unger:* Vom Bilden physikalischer Begriffe. 3 Bände. Stuttgart 1959 ff.; *Jos Verhulst:* Der Glanz von Kopen-hagen. Geistige Perspektiven der modernen Physik. Stuttgart 1994. *Peter Buck / Manfred von Mackensen:* Naturphänomene erlebend verstehen. Über Physik- und Chemieunterricht an Waldorfschulen und ihre erkenntnismethodische und didak-tische Grundlegung. 6. Aufl. Köln 1996; *Peter Buck / Ernst-Michael Kranich* (Hrsg.): Auf der Suche nach dem erlebbaren Zusammenhang. Übersehene Dimensionen der Natur und ihre Bedeutung für die Schule. Weinheim und Basel 1995.

CHEMIE: *Ernst Bindel / Arnold Blickle:* Zahlengesetze in der Stoffeswelt und in der Erdenentwicklung. in: *Ernst Bindel:* Die geistigen Grundlagen der Zahlen, 6. Aufl. Stuttgart 2003; *Frits H. Julius:* Stoffeswelt und Menschenbildung. Teil 1, Che-mie an einfachen Phänomenen dargestellt. 2. Aufl. Stuttgart 1978. Teil 2, Grundlagen einer phänomenologischen Chemie. 3. Aufl. Stuttgart 1992; *Ernst Lehrs:* Mensch und Materie. 3. Aufl. Frankfurt 1987; *Gerhard Ott:* Grundriss einer Chemie nach phänomenologischer Methode. Band 1 und 2. Basel 1960/1962; *Wilhelm Pelikan:* Sieben Metalle. Dornach 1968.

BIOLOGIE: *Wolfgang Schad* (Hrsg.): Goetheanistische Natur-wissenschaft. 4 Bde. Stuttgart 1982 ff.; *J. W. v. Goethe:* Die Metamorphose der Pflanzen. Mit Anmerkungen und einem einleitenden Aufsatz von Rudolf Steiner. 6. Aufl. Stuttgart 1992; *F. Amrine / F. J. Zucker / H. Wheeler* (Hrsg.): Goethe and the Sciences: A Rappraisal. Boston Studies in the Philosophy of Science, Bd. 97. Dordrecht u. a. 1987 (mit kommentierter Bibliographie); *H. Bortoft:* The Wholeness of Nature. Goethe's Way of Science. Edinburgh 1996; *P. Heusser* (Hrsg.): Goethes Beitrag zur Erneuerung der Naturwissenschaften. Bern u. a. 2000; *V. Harlan:* Das Bild der Pflanze in Wissenschaft und Kunst: Aristoteles – Goethe – Paul Klee – Joseph Beuys. Stuttgart und Berlin 2002. *A. Suchantke:* Metamorphose – Kunstgriff der Evolution. Stuttgart 2002; *Gerbert Grohmann:* Tierform – Menschengeist. Stuttgart 1954; *ders.:* Pflanze – Erdenwesen – Menschenseele. Stuttgart 1953; beide Bände jetzt in: Zur ersten Tier- und Pflanzenkunde in der Pädagogik Rudolf Steiners. 3. Aufl. Stuttgart 1992; *ders.:* Lesebuch der Pflanzenkunde. 12. Aufl. Stuttgart 1996; Lesebuch der Tierkunde. 12. Aufl. Stuttgart 1992; *ders.:* Die Pflanze, 2 Bände, Stuttgart 1991; *ders.:* Metamorphosen im Pflanzenreich. 3. Aufl. Stuttgart 1990; *Johannes F. Brakel / Gerbert Grohmann:* Moschus, Buntspecht und Delfine. Wie Tiere leben. 2. Aufl. Stuttgart 2003; *Frits H. Julius:* Das Tier zwischen Mensch und Kosmos. Neue Wege zu einer Charakteristik der Tiere. 2. Aufl. Stuttgart 1981; *Friedrich A. Kipp:* Die Evolution des Menschen im Hinblick auf seine lange Jugendzeit. 2. Aufl. Stuttgart 1991; *Jos Verhulst:* Der Erstgeborene. Mensch und höhere Tiere in der Evolution. Stuttgart 1999; *Karl König:* Bruder Tier. Mensch und Tier in Mythos und Evolution. 3. Aufl. Stuttgart 1981; *Ernst Michael Kranich:* Pflanze und Kosmos. Grundlinien einer kosmologischen Botanik, 3. Aufl. Stuttgart 1997; *ders.:* Wesensbilder der Tiere. Einführung in die goetheanische Zoologie. 2. Aufl. Stuttgart 2004; *ders.:* Der innere Mensch und sein Leib. Eine Anthropologie, Stuttgart 2003; *Hermann Poppelbaum:* Mensch und Tier. Einblicke in ihren Wesensunterschied. 7. Aufl. Dornach 1975; *ders.:* Tier-Wesenskunde, 3. Aufl. Dornach 1982; *ders.:* Entwicklung, Vererbung, Abstammung. 2. Aufl. Dornach 1974; *Wolfgang Schad:* Säugetiere und Mensch. Zur Gestaltbiologie vom Gesichtspunkt der Dreigliederung. Stuttgart 1971; *Andreas Suchantke:* Metamorphosen im Insektenreich. Stuttgart 1994; *Lothar Vogel:* Der dreigliedrige Mensch. Morphologische Grundlagen einer allgemeinen Menschenkunde. 3. Aufl. Dornach 1992; *Henri Bortoft:* Goethes naturwissenschaftliche Methode. Stuttgart 1995; *Wolfgang Schad:* Das Denken in Entwicklung. Zugänge durch Goetheanismus und Evolutionsbiologie. In: *Die Drei* 1996, 3, S. 188-201; 5, S. 422-453; 6, S. 544-557. Zahlreiche spezielle Arbeiten in der Zeitschrift *Elemente der Naturwissenschaft* (Dornach, seit 1964).

FREMDSPRACHEN: *Heinrich Eltz:* Fremdsprachlicher Anfangsunterricht und audio-visuelle Methode. Zürich 1971; *Johannes Kiersch* (Hrsg.): Zum Fremdsprachenunterricht. Erfahrungsberichte und Betrachtungen zur Methode des neusprachlichen Unterrichts in der Waldorfschule. Manuskriptdruck der Pädagogischen Forschungsstelle beim Bund der Freien Waldorfschulen. Stuttgart 1984; *Johannes Kiersch:* Fremdsprachen in der Waldorfschule. Rudolf Steiners Konzept eines ganzheitlichen Fremdsprachenunterrichts. Stuttgart 1992; *Christoph Jaffke:* Fremdsprachenunterricht auf der Primarstufe. Seine Begründung und Praxis in der Waldorfpädagogik. 2. Aufl. Weinheim 1996; *Erhard Dahl:* Wie lernt man fremde

Sprachen? Eine Einführung in den Fremdsprachenunterricht an Waldorfschulen. Stuttgart 1999; *Alain Denjean:* Die Praxis des Fremdsprachenunterrichts an der Waldorfschule. Stuttgart 2000; *Peter Lutzker:* Der Sprachsinn. Sprachwahrnehmung als Sinnesvorgang. Stuttgart 1996.

MUSIK: *Wolfgang Wünsch:* Menschenbildung durch Musik. Der Musikunterricht an der Waldorfschule. Stuttgart 1995; *Michael Kalwa:* Begegnung mit Musik. Ein Überblick über den Lehrplan des Musikunterrichts an der Waldorfschule. Stuttgart 1997; Gerhard Beilharz (Hrsg.): Musik in Pädagogik und Therapie. Stuttgart 2004; *Valborg Werbeck-Svärdström:* Die Schule der Stimmenthüllung. 5. erw. Aufl. Dornach 1994 (mit einer Einführung zur gegenwärtigen Situation der Musikerziehung von *Jürgen Schriefer)*; *Hermann Pfrogner:* Lebendige Tonwelt. München 1981.

EURYTHMIE: *Rudolf Steiner:* Eurythmie als Impuls für künstlerisches Betätigen und Betrachten. 15 Ansprachen vor Eurythmie-Aufführungen in den Jahren 1919-1924. Dornach 1953; *Eva Froböse* (Hrsg.): Rudolf Steiner über Eurythmische Kunst. Stuttgart 1989; *Erich Schwebsch:* Eurythmie in der Erziehung, in: *Erziehungskunst aus Gegenwart des Geistes*, Stuttgart 1953; *Else Klink:* Eurythmie, in: *Grundlagen und Methoden rhythmischer Erziehung*, hrsg. von *Gertrud Bünner* und *Peter Röthig.* Stuttgart 1971; *Eurythmie in Kunst, Pädagogik, Medizin.* Sonderheft der *Erziehungskunst.* Stuttgart 1986; *Magdalene Siegloch:* Eurythmie, eine Einführung. Stuttgart 1990. *Wolfgang Veit:* Eurythmie. Stuttgart 1988.

BILDENDE KUNST: *Margrit Jünemann / Fritz Weitmann:* Der künstlerische Unterricht in der Waldorfschule. Malen und Zeichnen. 4. Aufl. Stuttgart 1993; *Ernst-Michael Kranich* u. a.: Formenzeichnen. Die Entwicklung des Formensinns in der Erziehung. 3. Aufl. Stuttgart 2000; *Michael Martin* (Hrsg.): Der künstlerisch-handwerkliche Unterricht in der Waldorfschule. Stuttgart 1991.

TURNEN: *Rudolf Kischnick:* Leibesübungen und Bewusstseinsschulung. Basel 1955; *Peter Prömm:* Bewegungsbild und menschliche Gestalt. Vom Wesen der Leibesübungen. Stuttgart 1978; *Michael Birnthaler* (Hrsg.): Zum Sportunterricht an der Waldorfschule. Stuttgart 2004.

HANDARBEIT UND BUCHBINDEN: *Hedwig Hauck:* Kunst und Handarbeit. 6. Aufl. Stuttgart 1993.

Eine zusammenfassende Orientierung über die anthroposophische **Heilpädagogik** gibt die Denkschrift der Vereinigung der Heil- und Erziehungsinstitute für seelenpflege-bedürftige Kinder e.V., Eckwälden/Württ., *Heilpädagogik auf anthroposophischer Grundlage* (1969), einen anschaulicheren Einblick der Sammelband *Heilende Erziehung.* Vom Wesen seelenpflege-bedürftiger Kinder und deren heilpädagogischer Förderung. 6. Aufl. Stuttgart 1998, sowie die Bilddokumentation *Heilende Erziehung aus dem Menschenbild der Anthroposophie.* 2. Aufl. Stuttgart 1981. Mehr theoretisch orientiert ist die Schriftenreihe der Medizinischen Sektion am Goetheanum *Heilpädagogik und Sozialtherapie aus anthroposophischer Menschenkunde* (Stuttgart 1974 ff.). Darstellungen aus der Camphill-Bewegung finden sich in dem Sammelband *Camphill.* Fünfzig Jahre Leben und Arbeiten mit Seelenpflegebedürftigen Menschen. Stuttgart 1991, bei *Godhard M. Husemann:* Der Heilpädagoge Karl König. Stuttgart (Hippokrates) 1971, in dem Aufsatz von *Hans Müller-Wiedemann:* Dorfgemeinschaften – Lebensformen mit behinderten Menschen, in: Menschenbild und Menschenbildung, Stuttgart 1994, und in dem Sammelband *Aspekte der Heilpädagogik. Aus der Arbeit der Camphill-Bewegung,* hrsg. von *Carlo Pietzner.* Stuttgart 1969.

Zur **Schulorganisation** äußert Steiner sich selbst in einem einführenden Aufsatz: *Freie Schule und Dreigliederung* (GA 24. Aufsätze. S. 27 ff.). In den letzten Jahren ist die Diskussion auf diesem Feld auch innerhalb der Waldorfschul-Bewegung sehr in Fluss gekommen. Gesamtdarstellungen geben *Ernst-Michael Kranich* in *Freie Schule. Gesellschaftliche Funktion des Freien Schulwesens in der Bundesrepublik Deutschland,* hrsg. von der *Arbeitsgemeinschaft Freier Schulen.* Stuttgart 1971; *Stefan Leber:* Die Sozialgestalt der Waldorfschule. Ein Beitrag zu den sozialwissenschaftlichen Anschauungen Rudolf Steiners. 3. Aufl. Stuttgart 1991. Als erster Versuch, berufliche Bildung in den Lehrplan der Waldorfschule zu integrieren, hat die Hiberniaschule in Herne (Wanne-Eickel) viel Beachtung gefunden. Darstellungen dieser Schule geben *Klaus J. Fintelmann:* Die Hiberniaschule als Modell einer Gesamtschule des beruflichen Bildungsweges. Stuttgart 1969; *Karl-Heinz Lubbers:* Die Berufsausbildung im Rahmen der traditionellen betrieblichen Ausbildung eines Großbetriebes und im System der Hibernia-Schule. Gewerkschaftliche

Beiträge zu Fragen der beruflichen Bildung Nr. 16, hrsg. vom DGB-Bundesvorstand, Abt. Berufliche Bildung; *Hans Helmut Hansen:* Die Hiberniaschule und die Durchführung des praktischen Unterrichtes – insbesondere der Arbeitslehre – im Zusammenhang ihrer Bildungsarbeit. Frankfurt 1975; *Georg Rist / Peter Schneider:* Die Hiberniaschule. Reinbek 1977; *Friedrich Edding* u. a.: Praktisches Lernen in der Hibernia-Pädagogik. Eine Rudolf-Steiner-Schule entwickelt eine neue Allgemeinbildung. Stuttgart 1985; *Luzius Geßler:* Bildungserfolg im Spiegel von Bildungsbiografien. Frankfurt 1988. Ein Modell in Kassel, das ähnliches Interesse geweckt hat, beschreibt *Erhard Fucke:* Berufliche und allgemeine Bildung in der Sekundarstufe II. Stuttgart 1976. Über Versuche an der Bochumer Waldorfschule wird berichtet bei *Sönke Bai, Wilhelm Ernst Barkhoff* u. a.: Die Rudolf Steiner Schule Ruhrgebiet. Reinbek 1976. Zur Problematik der Integration von beruflicher und allgemeiner Bildung allgemein, unter Einbeziehung der im Waldorf-Bereich gewonnenen Erfahrungen: *Klaus J. Fintelmann:* Studie über die Integrierbarkeit von beruflicher und allgemeiner Bildung. Schriftenreihe *Bildungsplanung* des Bundesministeriums für Bildung und Wissenschaft Bd. 26 und 27. München 1979. Den langjährigen Erfahrungen einer Schweizer Arbeitsgruppe entstammt der Sammelband *Waldorf-Pädagogik in öffentlichen Schulen,* hrsg. von der *Freien Pädagogischen Vereinigung Bern.* Freiburg 1976. Gesichtspunkte zur Differenzierungsfrage bietet *Erika Dühnfort:* Vom Klassengeist. Das überpersönliche Menschenbild einer Kindergemeinschaft, in *Erziehungskunst,* Jg. 1961, Heft 2-4. Zu Fragen der Konfliktbewältigung und der Zusammenarbeit von Eltern und Lehrern an der Waldorfschule: *Dieter Brüll:* Der anthroposophische Sozialimpuls. Schaffhausen 1984; *Manfred Leist:* Eltern und Lehrer. 2. Aufl. Stuttgart 1988; *Hildegard* und *Jochen Bußmann* (Hrsg.): Unser Kind geht auf die Waldorfschule. Reinbek bei Hamburg 1990; *Michael Harslem:* Wie arbeiten Eltern und Lehrer zusammen? Stuttgart 1999.

Rechtsfragen der Schulen in freier Trägerschaft behandelt fortlaufend die Loseblattsammlung *Bildung und Erziehung in freier Trägerschaft* (BEFT), hrsg. von *J. P. Vogel* und *H. Knudsen* (Luchterhand). Von grundlegender Bedeutung für die Klärung der verfassungsrechtlichen Stellung Freier Schulen sind *Friedrich Müller:* Das Recht der Freien Schule nach dem Grundgesetz. 2. Aufl. Berlin 1982; *ders.:* (Hrsg.): Zukunftsperspektiven der Freien Schule. Dokumentation, Diskussion und praktische Folgen des Finanzhilfe-Urteils des Bundesverfassungsgerichts. Berlin 1988; *Frank Rüdiger Jach:* Schulvielfalt als Verfassungsgebot. Berlin 1991. Historische Aspekte dazu bei *Johann Peter Vogel:* Verfassungswille und Verwaltungswirklichkeit im Privatschulrecht. In: Recht der Jugend und des Bildungswesens (RdJB) 1983, S. 170-184. Zur aktuellen Diskussion *Frank Rüdiger Jach*: Schulverfassung und Bürgergesellschaft in Europa. Berlin 1999.

Steiners Ideen zur **Lehrerbildung** behandeln *Erich Gabert:* Lehrerbildung im Sinne der Pädagogik Rudolf Steiners. Stuttgart 1961 und *Johannes Kiersch:* Freie Lehrerbildung. Zum Entwurf Rudolf Steiners. Stuttgart 1978.

Zur **Geschichte der Waldorfpädagogik** vgl. *Ernst Weißert:* Von den Motiven und Lebensphasen der Schulbewegung, in: *Erziehungskunst,* Jg. 33, Heft 8/9, 1969, und *Johannes Tautz:* Die Freie Waldorfschule. Ursprung und Zielsetzungen. Stuttgart 1972, sowie *Waldorfschule heute.* 70 Jahre Waldorfpädagogik. Sonderheft der Erziehungskunst. Stuttgart 1989. Einen nützlichen Überblick über die Aufbaujahre der ersten Waldorfschule gibt *Erich Gabert* in seinen Einleitungen zu den Konferenzen (GA 300/1) . Weiteres Material bei *Gisbert Husemann* und *Johannes Tautz* (Hrsg.): Der Lehrerkreis um Rudolf Steiner in der ersten Waldorfschule 1919 – 1925. Lebensbilder und Erinnerungen, 2. Aufl. Stuttgart 1979, und in den Lebenserinnerungen des Schulgründers *Emil Molt:* Entwurf meiner Lebensbeschreibung. Stuttgart 1972. Eine Deutung der Gesamtentwicklung bis zur Gegenwart gibt im Zusammenhang seiner Autobiografie *Johannes Tautz:* Lehrerbewusstsein im 20. Jahrhundert. Dornach 1995.

Zeitschriften zur Waldorfpädagogik: *Erziehungskunst.* Monatsschrift zur Pädagogik Rudolf Steiners. Stuttgart (Verlag Freies Geistesleben); Steiner Education. Forest Row, Sussex, England (Steiner Schools Fellowship); Research Bulletin. Spring Valley, New York (The Research Institute for Waldorf Education); Paideia. A Research Journal for Waldorf Education. Forest Row, Sussex, England (Steiner Schools Fellowship); *Vrije Opvoedkunst.* Sociaal-Paedagogisch Tijdschrift. Den Haag; *På Väg* mot en ny pedagogik. Stockholm; *Seelenpflege in Heilpädagogik und Sozialtherapie / Curative Education and Social Therapy.* Fachzeitschrift für anthroposophische Heilpädagogik und Sozialtherapie. Dornach (Schweiz).

Anmerkungen

Werke Rudolf Steiner werden mit den Bandnummern der Dornacher Gesamtausgabe (GA) zitiert.

1 Lesern, denen die Biografie Rudolf Steiners nicht vertraut ist, finden in dem folgenden Abriss einige wesentliche Informationen zum Lebenslauf des Begründers der Waldorfpädagogik.

Rudolf Steiner wurde am 27. Februar 1861 im südlichen Österreich (damals Ungarn) geboren. In ärmlichen Verhältnissen aufgewachsen, studierte er an der Technischen Hochschule in Wien Mathematik, Biologie, Physik und Chemie, daneben befasste er sich eingehend mit Philosophie und Literaturgeschichte, wobei die Schriften Johann Gottlieb Fichtes für ihn wegweisend wurden. Zugleich machte er seine ersten pädagogischen Erfahrungen als Hauslehrer. Mit neunundzwanzig Jahren ging er nach Weimar, um dort an der Herausgabe von Goethes naturwissenschaftlichen Schriften mitzuarbeiten, wozu er sich durch erkenntnistheoretische Vorstudien qualifiziert hatte. Während der Arbeit am Goethe- und Schillerarchiv in Weimar vollendete er seine *Philosophie der Freiheit* und eine Schrift über *Goethes Weltanschauung*. Gleichzeitig setzte er sich mit Nietzsche und Haeckel auseinander. Im siebenunddreißigsten Lebensjahr übernahm er in Berlin die Herausgabe einer literarischen Zeitschrift. Zugleich war er dort als Lehrer an der von Wilhelm Liebknecht begründeten Arbeiterbildungsschule tätig.

Nach der Jahrhundertwende begann er mit der Ausbreitung seiner Geisteswissenschaft, die er mit dem Namen «Anthroposophie» bezeichnete. In rascher Folge erschienen jetzt die grundlegenden anthroposophischen Schriften: *Das Christentum als mystische Tatsache und die Mysterien des Altertums* (1902), *Wie erlangt man Erkenntnisse der höheren Welten?* (in Aufsätzen ab 1904), *Die Geheimwissenschaft im Umriss* (1910). Auch der programmatische Aufsatz *Die Erziehung des Kindes vom Gesichtspunkte der Geisteswissenschaft* wurde in dieser frühen Zeit veröffentlicht (1907), ohne jedoch ein Echo zu finden.

Nach ersten Versuchen in München baute Steiner ab 1913 als Zentrum der anthroposophischen Bewegung eine Freie Hochschule für Geisteswissenschaft in Dornach bei Basel, das *Goetheanum*. Er entwarf bis ins Detail die Architektur dieses Baues, modellierte und schnitzte, skizzierte die Deckengemälde und Fenstergravierungen und leitete eine Schar von Helfern an, die den Bau auch während des Weltkrieges weiterführten. Zugleich arbeitete er in dem Buch *Von Seelenrätseln* (1917) die Grundlagen seiner pädagogischen Menschenkunde weiter aus.

Nach der Eröffnung der Waldorfschule blieben Rudolf Steiner noch fünf Jahre, die mit schriftstellerischer Tätigkeit, Vortragsreisen und Kursen in Dornach überreich ausgefüllt waren. Die Besprechungen mit der Stuttgarter Lehrerschaft, deren Inhalt das Fundament der Waldorfpädagogik bildet, oder die pädagogischen Einführungskurse für die nichtanthroposophische Öffentlichkeit stehen neben ähnlichen Veranstaltungen für Naturwissenschaftler, Ärzte, Heilpädagogen, Landwirte, Volkswirtschaftler, für die Priester der durch *Friedrich Rittelmeyer* begründeten Christengemeinschaft, für Schauspieler und Eurythmisten und für die Mitglieder der Anthroposophischen Gesellschaft. Noch auf dem Krankenlager schrieb Steiner das Fragment einer Autobiografie, *Mein Lebensgang*. Am 30. März 1925 starb er in Dornach.

2 Vgl. *D. Kerbs / J. Reulecke* (Hrsg.): Handbuch der deutschen Reformbewegungen 1880-1933. Wuppertal 1998. Zum Folgenden *J. Kiersch*: Ähnlich und doch ganz anders. In: Erziehungskunst 1999, Heft 3, S. 286-292.

3 GA 298, S. 23. Hervorhebungen J. K.

4 Er gibt ihn im Jahre 1909 neu heraus mit der bekräftigenden Feststellung: «Die Gedanken dieses Vortrages sind seit ihrem ersten Erscheinen noch wahrer geworden, obgleich sie sich gar nicht verändert haben.» In einer Art Kommentar zu der von ihm selbst für das Zentrum des Goetheanums in Dornach geschaffenen plastischen Gruppe nimmt er im Februar 1918 die darin vorgebrachten Gedanken wieder auf, bis er sie schließlich im April 1921 mit überraschender Wendung zu einer «Psychologie der Künste» ausgestaltet, immer in dem Bestreben, jede trockene Systematik zu vermeiden, an das konkrete Kunstwerk anzuknüpfen und dabei «bildend zu reden, redend zu bilden». (Vgl. *Rudolf Steiner:* Kunst und Kunsterkenntnis. GA 271. 3. Aufl. Dornach 1985 sowie *Hagen Biesantz / Arne Klingborg:* Das Goetheanum. Der Bau-Impuls Rudolf Steiners. Dornach 1978.

5 Ebd., S. 29 f.

6 Vgl. dazu auch *Johannes Kiersch:* Freie Lehrerbildung. Zum Entwurf Rudolf Steiners. Stuttgart 1978.

7 *Rudolf Steiner:* Mein Lebensgang. GA 28. 8. Aufl. Dornach 1982, Kap. XXII, S. 323.

8 Vortrag vom 26. 6. 1924, in: Heilpädagogischer Kurs. GA 317. 8. Aufl. Dornach 1985. Eine Anmerkung für Kenner der Waldorfpädagogik: Es lässt sich zeigen, dass in den Stuttgarter Vorträgen vom April 1924 (Die Methodik des Lehrens und die Lebensbedingungen des Erziehens. GA 308. 5. Aufl. Dornach 1986) ein Gegenstück zu dieser Regel auftritt, wenn auch in merkwürdig versteckter Form. Bekanntlich werden dort einleitend gewisse Spätfolgen der Wirkung des Erziehertemperaments auf das Kind geschildert. Das cholerische Temperament des Erziehers verursacht beim Zögling in dessen späterem Alter Stoffwechselkrankheiten, das phlegmatische Temperament Nervosität, das melancholische Krankheiten der Atmung und des Blutkreislaufes, das sanguinische einen Mangel an Vitalität und Lebensfreude. Nun geht aber, wie wir an anderer Stelle ausgeführt finden (Wo und wie findet man den Geist? GA 57. 2. Aufl. Dornach 1984), jedes Temperament auf die überwiegende Wirkung eines der vier Wesensglieder zurück. Der physische Leib bewirkt, wenn er vorherrscht, ein melancholisches, der Bildekräfteleib ein phlegmatisches, der Empfindungsleib ein sanguinisches, das niedere, aus dem Unterphysischen heraus wirkende Ich ein cholerisches Temperament. Und mit den genannten Krankheitsbildern sind Funktionen betroffen, deren sich die vier Wesensglieder für ihre Wirksamkeit im Physisch-Leiblichen bedienen: Das Ich kann sich nur bei körperlicher Vitalität und Lebensfreude ungehemmt äußern, der Empfindungs-

leib nur bei gesundem Nervensystem, der Bildekräfteleib nur, wenn die rhythmischen Prozesse der Atmung und des Kreislaufs nicht gestört sind; der physische Leib selbst hat seine ihm eigentümliche Funktion im Stoffwechsel. Daraus ergibt sich als korrespondierendes Gesetz: Wirkt ein Wesensglied des Erziehers in krankhafter Weise gesteigert, so schädigt es durch die Äußerungen des Temperaments diejenige physisch-leibliche Funktion im Wesen des Zöglings, die dessen nächst höherem Wesensglied ein gesundes Leben im physischen Bereich ermöglicht hätte.

9 *Rudolf Steiner:* Aspekte der Waldorfpädagogik. Beiträge zur anthroposophischen Erziehungspraxis. Frankfurt a.M. (Fischer Taschenbuch) 1985, S. 16 f.

10 *Rudolf Steiner:* Die Methodik des Lehrens und die Lebensbedingungen des Erziehens. GA 308. 5. Aufl. Dornach 1986, S. 30.

11 Siehe ebd.

12 *Rudolf Steiner:* Die Erziehung des Kindes vom Gesichtspunkte der Geisteswissenschaft. Einzelausgabe Dornach 1992, S. 26.

13 Die Leier ist von *Edmund Pracht* und *Lothar Gärtner* zunächst für die Heilpädagogik entwickelt worden und wird auch an den Waldorfschulen viel verwendet.

14 *Rudolf Steiner:* Konferenzen mit den Lehrern der Freien Waldorfschule 1919 bis 1924. GA 300 a-c. Dornach 1995, Konferenz vom 12.6.1920.

15 *Rudolf Steiner:* Die Erziehung des Kindes. a.a.O. (Anm. 12), S. 23.

16 *Rudolf Steiner:* Aspekte der Waldorfpädagogik. a.a.O. (Anm. 9), S. 16.

17 Vgl. hierzu den aufschlussreichen Vergleich der Entwick-

lungspsychologie Jean Piagets mit den Auffassungen Steiners bei *Christoph Lindenberg:* Die Lebensbedingungen des Erziehens. Von Waldorfschulen lernen. Reinbek 1981.

18 *Rudolf Steiner:* Die Erziehung des Kindes. a.a.O. (Anm. 12), S. 27 ff.

19 Ebd., S. 40.

20 *Rudolf Steiner:* Von Seelenrätseln. GA 17. 5. Aufl. Dornach 1983, S. 158.

21 Siehe *Rudolf Steiner:* Allgemeine Menschenkunde als Grundlage der Pädagogik. 9. Aufl. Dornach 1992.

22 *Rudolf Steiner:* Von Seelenrätseln. a.a.O. (Anm. 20), S. 147.

23 Vgl. zum heutigen Stand der Diskussion *Hans-Jürgen Scheurle:* Die Gesamtsinnesorganisation. Überwindung der Subjekt-Objekt-Spaltung in der Sinneslehre. Phänomenologische und erkenntnistheoretische Grundlagen der allgemeinen Sinnesphysiologie. 2. Aufl. Stuttgart 1984.

24 Treffend schreibt *H.-J. Scheurle* (a.a.O., S. 97): «Die Welt der modernen Naturwissenschaften ist die Tastwelt in theoretischer Form».

25 Vgl. besonders *Georg von Arnim*: Der Sprach-Sinn. In: Karl König u. a.: Sprachverständnis und Sprachbehandlung. Heilpädagogik aus anthroposophischer Menschenkunde Bd. 4, Stuttgart 1978, S. 41-94; *ders:* Über die Bedeutung des Denksinnes in der Heilpädagogik. In: Seelenpflege in Heilpädagogik und Sozialtherapie. 1982, S. 37-46.

26 *Rudolf Steiner:* Die Erziehung des Kindes. a.a.O. (Anm. 12), S. 20 f. Ähnlich der Aufsatz «Theosophie und Sozialismus» von 1903: «Das, was die Theosophie als die seelische (astrale) und als die geistige Welt enthüllt, das enthält die Gesetze für das menschliche Leben, wie die Elektrizitätslehre die Gesetze

für den Elektromotor enthält.» (In: *Rudolf Steiner:* Lucifer – Gnosis. GA 34, S. 435.)

27 Vgl. dazu besonders den 3., 4. und 8. Anhang zu dem Buch *Von Seelenrätseln.* a.a.O. (Anm. 20).

28 Im Sinn der Bemerkungen *Goethes* über Symbolik und Allegorie, in: Maximen und Reflexionen 749-752. Hamburger Ausgabe Bd. 12, S. 470 f. Vgl. dazu *Christoph Gögelein:* Zu Goethes Begriff von Wissenschaft auf dem Wege der Methodik seiner Farbstudien. München 1972, S. 153 ff. und *Johannes Kiersch:* Lebendige Begriffe. In: *Fritz Bohnsack / Ernst-Michael Kranich* (Hrsg.): Erziehungswissenschaft und Waldorfpädagogik. Weinheim und Basel 1990.

29 *Rudolf Steiner:* Erziehung und Unterricht aus Menschenerkenntnis. GA 302a. 4. Aufl. Dornach 1993.

30 *Rudolf Steiner:* Aspekte der Waldorfpädagogik. a.a.O. (Anm. 9), S. 19.

31 *Rudolf Steiner:* Erziehung und Unterricht aus Menschenerkenntnis. a.a.O. (Anm. 29).

32 *Rudolf Steiner:* Die Erneuerung der pädagogisch-didaktischen Kunst durch Geisteswissenschaft. GA 301. 4. Aufl. Dornach 1991.

33 *Rudolf Steiner:* Konferenzen mit den Lehrern der Freien Waldorfschule 1919 bis 1924. GA 300 a-c. a.a.O. (Anm. 14), Bd. 2, S. 264.

34 Im Folgenden zitieren wir aus den ersten fünf Seminarbesprechungen des Gründungskurses von 1919: Erziehungskunst. Seminarbesprechung und Lehrplanvorträge. GA 295. 3. Aufl. Dornach 1977 (vgl. auch die anregende Skizze der Temperamente bei *Jakob Streit:* Erziehung, Schule, Elternhaus. Zürich 1968).

35 Ebd., S. 28.

36 Ebd., S. 23.

37 Ebd., S. 12.

38 *Rudolf Steiner:* Anthroposophische Pädagogik und ihre Voraussetzungen. GA 309. 5. Aufl. Dornach 1981, S. 21.

39 *Rudolf Steiner:* Aspekte der Waldorfpädagogik. a.a.O. (Anm. 9), S. 40 f.

40 Vgl. *Peter Buck / Manfred von Mackensen:* Naturphänomene erlebend verstehen. Über Physik- und Chemieunterricht an Waldorfschulen und ihre erkenntnismethodische und didaktische Grundlegung. 5. Aufl. Köln 1994.

41 *Rudolf Steiner:* Die Methodik des Lehrens und die Lebensbedingungen des Erziehens. GA 308. a.a.O. (Anm. 10), S. 69.

42 Im Jahre 1982 haben im Durchschnitt der westdeutschen Waldorfschulen 33,7 % der nicht ausgelesenen Schülerschaft eines Jahrgangs, bezogen auf die Schülerzahl der 5. Klasse, das Abitur bestanden, im Jahre 1992 44,2 % (Auskunft der Freien Hochschule für anthroposophische Pädagogik, Arbeitsbereich Bildungsökonomie, Heidelberg). Siehe auch *Dietrich Esterl:* Welche Abschlüsse gibt es an Waldorfschulen? Stuttgart 1997.

43 Vgl. *Rudolf Steiner:* Kunst und Kunsterkenntnis. GA 271. a.a.O. (Anm. 4).

44 Vgl. *Rudolf Steiner:* Geisteswissenschaftliche Behandlung sozialer und pädagogischer Fragen. GA 192. 2. Aufl. Dornach 1991.

45 Als markantes Pilotprojekt ist dabei in den letzten Jahren besonders die «Regionale Oberstufe Jurasüdfuß» im Kanton Solothurn (Schweiz) hervorgetreten. Siehe dazu *Rudolf Wepfer / Thomas Stöckli:* Regionale Oberstufe Jurasüdfuß. In:

Erziehungskunst 1993, Heft 1, S. 286-298 und das Gespräch von *Klaus Schickert, Thomas Stöckli* und *Walter Hiller* darüber in der Erziehungskunst 1998, Heft 7/8, S. 793-810.

46 Vgl. *Dietrich Benner / Jörg Ramseger:* Zwischen Ziffernzensur und pädagogischem Entwicklungsbericht: Zeugnisse ohne Noten in der Grundschule. In: Zeitschrift für Pädagogik 1985, S. 151-174.

47 *Rudolf Steiner:* Aspekte der Waldorfpädagogik. a.a.O. (Anm. 9), S. 27 ff. Vgl. auch *Rudolf Steiner:* Aufsätze über die Dreigliederung des sozialen Organismus und zur Zeitlage 1915 – 1921. GA 24. 2. Aufl. Dornach 1982.

48 Vgl. *Hildegard und Jochen Bußmann* (Hrsg.): Unser Kind geht auf die Waldorfschule. Reinbek bei Hamburg 1990.

49 Vgl. *Fritz Bohnsack / Stefan Leber:* Sozial-Erziehung im Sozial-Verfall. Grundlagen, Kontroversen, Wege. Weinheim und Basel 1996.

50 Nach Mitteilung von *Nora Ruhtenberg.*

51 Vgl. *Wolfgang Klafki:* Neue Studien zur Bildungstheorie und Didaktik. Weinheim 1985.

52 So schon *Karlheinz Ingenkamp:* Möglichkeiten und Grenzen des Lehrerurteils und der Schultests. In: Heinrich Roth (Hrsg.): Begabung und Lernen. Gutachten und Studien der Bildungskommission des Deutschen Bildungsrats, Bd. 4. 2. Aufl. Stuttgart 1969, S. 407 ff.

53 Zur Begründung vgl. *Rudolf Steiner:* Die Kernpunkte der sozialen Frage in den Lebensnotwendigkeiten der Gegenwart und Zukunft. GA 23. 6. Aufl. Dornach 1976 und *Stefan Leber:* Selbstverwirklichung – Mündigkeit – Sozialität. Eine Einführung in die Dreigliederung des sozialen Organismus. Stuttgart 1978.

54 Dank höchstrichterlicher Entscheidung werden, um die Errichtungsgarantie privater Schulen nach Art. 7 GG zu sichern, gegenwärtig in der BRD bis zu 85 Prozent der Kosten von den Ländern übernommen, teils nach Schülerzahl, teils nach dem Defizitdeckungsverfahren. Vgl. *Stefan Leber:* Die Sozialgestalt der Waldorfschule. 3. Aufl. Stuttgart 1991, S. 100; *Benediktus Hardorp*: Die Kostenrechnung freier Schulen und ihre gesellschaftliche Bedeutung. Das Beispiel der Waldorfschulen. In: Recht der Jugend und des Bildungswesens 1983, S. 208-220 und *Friedrich Müller:* Zukunftsperspektiven der Freien Schulen. Berlin 1988.

55 *Stefan Leber:* Die Sozialgestalt der Waldorfschule. a.a.O. (Anm. 54), S. 93 ff.

56 Vgl. *Johann Peter Vogel:* Der Bildungsgutschein. Eine Alternative der Bildungsfinanzierung. In: Neue Sammlung 1972, S. 514 ff. und *Mathias Maurer:* Der Bildungsgutschein. Finanzierungsverfahren für ein freies Bildungswesen. Stuttgart 1994.

57 Überlingen und Karlsruhe. Vgl. *Stefan Leber:* Die Sozialgestalt der Waldorfschule. a.a.O. (Anm. 54), S. 87 f., und den Bericht über die Karlsruher Lösung von *Hartmut Seifert*: Schulgründung in Etappen. In: Erziehungskunst 1978, S. 198 ff.

58 Näheres zur Konzeption der drei Einrichtungen bei *Erhard Fucke:* Mehr Chancen durch Mehrfachqualifikationen. Stuttgart 1977, S. 77 ff. Fortlaufende Berichte im *Bankspiegel.* Zeitschrift für ein Gemeinschaftsbankwesen. Verlag GLS Gemeinschaftsbank e. G., Oskar-Hoffmann-Str. 25, D-44789 Bochum.

59 Zum 31.12.1988 z. B. wurden 393 solche Direktkredite, über-

wiegend an gemeinnützige Einrichtungen, von der GLS-Bank verwaltet, über insgesamt ca. 10,3 Mio. DM.

60 An der Rudolf-Steiner-Schule in Bochum-Langendreer haben sich 1980 zur Mitfinanzierung eines Erweiterungsbaues 16 Leihgemeinschaften mit zusammen 155 Mitgliedern gebildet. Ende 1978 hat die GLS-Gemeinschaftsbank an 12 Leihgemeinschaftsgruppen mit insgesamt 1011 Mitgliedern Kredite von 2,8 Mio. DM gegeben, Ende 1982 an 104 Gruppen mit insgesamt 4022 Mitgliedern Kredite von 9,6 Mio. DM, Ende 1988 an 456 Gruppen mit insgesamt 9583 Mitgliedern Kredite von 16,6 Mio. DM. Insgesamt wurden Ende 1988 aus Einlagen 1193 Kredite finanziert, davon ein Drittel an Waldorfschulen und -kindergärten. Einen Bericht über Erfahrungen mit Leihgemeinschaften gibt *Walter Burkart:* Leihgemeinschaften. In: Bankspiegel 28. April 1983, S. 22 f. (Informationen der GLS Gemeinschaftsbank, Bochum). Der Umfang der Neukreditvergaben der GLS-Bank verdoppelte sich von 1991 bis 1995 von 22 auf 44 Mio. DM. Im Jahre 2002 lag er bei ca. 250 Mio. Euro.

61 Vgl. *Ernst-Michael Kranich:* Lehrerbildung und Freie Schule. In: Erziehungskunst 1969, S. 507 ff., und *Ernst Weißert:* Vom Stuttgarter Lehrerseminar der Freien Waldorfschulen. In: Erziehungskunst 1969, S. 515 ff.

62 Vgl. *Sönke Bai* u.a.: Die Rudolf Steiner Schule Ruhrgebiet. Reinbek 1976, *Johannes Kiersch:* Freie Lehrerbildung. Zum Entwurf Rudolf Steiners. a.a.O. (Anm. 6) und *Michael Brater / Michael Bockemühl* (Hrsg.): Studium und Arbeit. Lernen im vierten Jahrsiebt. Stuttgart 1988.

63 Weitere Ausbildungsstätten für pädagogische und soziale Berufe auf der Grundlage der Anthroposophie im Verzeichnis

anthroposophischer Ausbildungs- und Studienstätte, hrsg.
von der Anthroposophischen Gesellschaft in Deutschland,
Zur Uhlandshöhe 10, D – 70188 Stuttgart.

64 Vgl. *Johannes Kiersch*: Freie Lehrerbildung. Zum Entwurf
Rudolf Steiners. a.a.O. (Anm. 6).

65 *Erhard Fucke:* Mehr Chancen durch Mehrfachqualifikationen. a.a.O. (Anm. 58).

66 *Chr. Lindenberg:* Rudolf Steiner. In: H. Scheuerl (Hrsg.):
Klassiker der Pädagogik. Bd. 2. München 1979, S. 170-182.

67 *Ernst Michael Kranich:* Pädagogische Projekte und ihre
Folgen. Zur Problematik von programmiertem Unterricht,
Frühlesenlernen und neuer Mathematik. 2. Aufl. Stuttgart
1971; *Ernst Schuberth:* Die Modernisierung des mathema-
tischen Unterrichts. Stuttgart 1971; *Ilse Häsing:* Modell-
versuch Waldorfkindergarten. In: Sönke Bai u.a., Die Rudolf
Steiner Schule Ruhrgebiet. Reinbek 1976, S. 248-258.

68 *Heinrich Eltz:* Fremdsprachlicher Anfangsunterricht und
audiovisuelle Methode. Zürich 1971.

69 *Wilhelm Rauthe:* Das Abitur – eine Notwendigkeit? Stuttgart
1968; *Bund der Freien Waldorfschulen*: Der Zugang zum Studium muss neu gestaltet werden. Gesellschaftspolitische Argumente zur Überwindung des Numerus clausus. Stuttgart
1976.

70 *Klaus J. Fintelmann*: Studie über die Integrierbarkeit von
beruflicher und allgemeiner Bildung. Schriftenreihe Bildungsplanung des Bundesministeriums für Bildung und
Wissenschaft Bd. 26 und 27. München 1979.

71 *Karl A. Wiederhold*: Rudolf Steiner. In: Josef Speck (Hrsg.):
Geschichte der Pädagogik des 20. Jahrhunderts Bd. II. Stuttgart 1978, S. 7 ff.

72 In diesem Sinne wird Steiner vielfach auf Origenes und Plotin, die Gnosis, die orientalische Theosophie, die romantische Naturphilosophie und die Weimarer Klassik zurückgeführt (vgl. z.B. S*iegfried Oppolzer:* Anthropologie und Pädagogik bei Rudolf Steiner. Dissertation Münster 1959). Zu der Behauptung, Steiner habe seine Reinkarnationslehre aus der orientalischen Tradition, vgl. die Richtigstellung bei *Walter Donat:* Die Reinkarnationsidee in der Anthroposophie. In: Zeitschrift für Religions- und Geistesgeschichte 1957, S. 175 ff. *Heiner Ullrich* («Ver-Steiner-te» Reformpädagogik. Anmerkungen zur neuerlichen Aktualität der Freien Waldorfschulen. In: Neue Sammlung 1982, S. 539-564) deutet Steiners Pädagogik als wenig originelles Konglomerat aus Ideen der zeitgenössischen Reformpädagogik. Kritisch dazu *Gerhard Herz:* Pädagogik und Waldorfpädagogik. Ein Kapitel über Berührungsangst und Wahrnehmungsstörung. In: Neue Sammlung 1982, S. 565-574, und *Erhard Fucke:* Das sehr lebendige «Fossil». Hinweise zu einigen Grundzügen der Waldorfpädagogik. In: Neue Sammlung 1982, S. 575-589.

73 *Klaus Prange:* Erziehung zur Anthroposophie. Darstellung und Kritik der Waldorfpädagogik. Bad Heilbrunn 1985.

74 *Heiner Ullrich:* Waldorfpädagogik und okkulte Weltanschauung. Weinheim und München 1986. Kritische Rezensionen bei *Johannes Kiersch:* Fragen an die Waldorfschule. Flensburg 1991.

75 *Heiner Barz:* Der Waldorfkindergarten. Weinheim und Basel 1984; *ders.:* Anthroposophie im Spiegel von Wissenschaftstheorie und Lebensweltforschung. Weinheim 1994; *Otto Hansmann* (Hrsg.): Pro und Contra Waldorfpädagogik. Akademische Pädagogik in der Auseinandersetzung mit der

Rudolf-Steiner-Pädagogik. Würzburg 1987; *Fritz Bohnsack /
Ernst Michael Kranich* (Hrsg.): Erziehungswissenschaft und
Waldorfpädagogik. a.a.O. (Anm. 28); *Peter Buck / Ernst-Mi-
chael Kranich* (Hrsg.): Auf der Suche nach dem erlebbaren
Zusammenhang. Übersehene Dimensionen der Natur und
ihre Bedeutung für die Schule. Weinheim und Basel 1995;
Fritz Bohnsack / Stefan Leber: Sozial-Erziehung im Sozial-
Verfall. Weinheim und Basel 1996; *Horst Rumpf / Ernst-Mi-
chael Kranich:* Welche Art von Wissen braucht der Lehrer?
Stuttgart 2000; *Fritz Bohnsack / Stefan Leber* (Hrsg.): Alter-
native Konzepte für die Lehrerbildung. Bd. 1: Portraits. Bad
Heilbrunn 2000; *Johannes Kiersch / Harm Paschen* (Hrsg.):
Alternative Konzepte für die Lehrerbildung. Bd. 2: Akzente.
Bad Heilbrunn 2001.

76 *Rudolf Steiner:* Die Weihnachtstagung zur Begründung der
Allgemeinen Anthroposophischen Gesellschaft 1923/24. GA
260. 5. Aufl. Dornach 1994.

77 *Rudolf Steiner:* Die geistig-seelischen Grundkräfte der Erziehungskunst. GA 305. 2. Aufl. 1979, S. 153. Ähnlich äußert er
sich in: Die pädagogische Praxis vom Gesichtspunkte geisteswissenschaftlicher Menschenerkenntnis. GA 306. 4. Aufl.
Dornach 1989.

78 *Freie Pädagogische Vereinigung Bern* (Hrsg.): Waldorfpädagogik in öffentlichen Schulen. Freiburg 1976.

79 *Edwin Hübner:* Waldorfpädagogik an staatlichen Schulen.
In: Erziehungskunst 2003, Heft 2, S. 199 f. berichtet über
den Aufbau eines Netzwerks durch die «Freie Initiative Waldorfpädagogik an staatlichen Schulen».

80 *Erich Weingardt:* Der Voraussagewert des Reifezeugnisses für
wissenschaftliche Prüfungen. In: Heinrich Roth (Hrsg.): Be-

gabung und Lernen. Gutachten und Studien der Bildungskommission des Deutschen Bildungsrats Bd. 4. 2. Aufl.
Stuttgart 1969, S. 433 ff.

81 Vgl. *Andreas Flitner:* Das Schulzeugnis im Lichte neuerer
Untersuchungen. In: Zeitschrift für Pädagogik 1966, S.
511 ff.

82 *Rudolf Steiner:* Die Kernpunkte der sozialen Frage in den
Lebensnotwendigkeiten der Gegenwart und Zukunft. a.a.O.
(Anm. 53).

83 *Andreas Laaser:* Wissenschaftliche Lehrfreiheit in der Schule.
Geschichte und Bedeutungswandel eines Grundrechts. Kö-
nigstein 1981, S. 174; vgl. auch *Christa Berg* (Hrsg.): Staat und
Schule oder Staatsschule? Stellungnahmen von Pädagogen
und Schulpolitikern zu einem unerledigten Problem 1787
– 1889. Königstein/Ts. 1980, und *Heinz Kloß*: Lehrer, Eltern,
Schulgemeinden. Der Gedanke der genossenschaftlichen
Selbstverwaltung im Schulwesen. Herausgegeben und kom-
mentiert mit pragmatischer Bibliografie von Rudolf W. Keck
(Documenta Paedagogica Bd. I). Hildesheim 1981.

84 Vgl. *Peter Vogel:* Kritik der Staatspädagogik. In: Zeitschrift
für Pädagogik 1982, S. 123 ff.

85 *Heinz-Hermann Schepp*: Absolutismus und Schule. In: Zeitschrift für Pädagogik 1983, S. 607 ff.

86 *Raban Graf von Westphalen*: Akademisches Privileg und de-
mokratischer Staat. Stuttgart 1979, S. 168.

87 *Andreas Laaser* (a.a.O., Anm. 83) sieht die Ursache für die
Beschränkung der Lehrfreiheit für Lehrer der niederen
Schulstufen einmal in einem Wandel rechtsdogmatischer
Grundansichten im Sinne des staatsrechtlichen Positivismus,
der sich im späten 19. Jahrhundert durchsetzt, zum anderen

in faktischen Veränderungen des Schul- und Lehrerbil-
dungswesens, denen sich die juristischen Lehrmeinungen
ohne Bedenken anpassen. So werden – wie er treffend sagt –
«feudal-monarchische Interessen in ein liberal-demokrati-
sches Verfassungsinstitut projiziert, die dann später, ohne
dass dies weiter auffällt, durch die Weimarer Verfassung und
das Grundgesetz als rezipiert angesehen werden» (S. 257).

88 Vgl. *Friedrich Müller:* Das Recht der Freien Schule nach dem
Grundgesetz. 2. Aufl. Berlin 1982.

89 *Deutscher Bildungsrat:* Zur Reform von Organisation und
Verwaltung im Bildungswesen. Teil I. Verstärkte Selbststän-
digkeit der Schule und Partizipation der Lehrer, Schüler und
Eltern. 1973; *Deutscher Juristentag:* Schule im Rechtsstaat,
Bd. I. Entwurf für ein Landesschutzgesetz. München 1981.

90 In: Recht der Jugend und des Bildungswesens (RdJB) 1983,
Heft 3, S. 182. Vgl. auch *Peter Vogel:* Kritik der Staatspäd-
agogik. a.a.O. (Anm. 84). Siehe auch *Johann Peter Vogel:* Die
Privatschulbestimmungen des Grundgesetzes. Ein Verfas-
sungsmodell für das gesamte Schulwesen. In: *Hans Christoph
Berg / Ulrich Steffens* (Hrsg.): Schulqualität und Schulviel-
falt. Das Saarbrücker Schulgütesymposion 1988. Wiesbaden
/ Konstanz 1991, und *Frank Rüdiger Jach:* Schulvielfalt als
Verfassungsgebot. Berlin 1991.

91 Vgl. *John E. Chubb / Terry M. Moe:* Good Schools by Choice.
A New Strategy for Educational Reform. Freie Schulen sind
bessere Schulen. Erfahrungen und Reformvorschläge aus
den USA. Schriftenreihe des European Forum for Freedom
in Education. Frankfurt a.M. 1993; *Horst Hensel:* Die autonome öffentliche Schule. München 1995; *Peter Daschner
/ Hans-Günter Rolff / Tom Stryck* (Hrsg.): Schulautonomie

– Chancen und Grenzen. Impulse für die Schulentwicklung. Weinheim und München 1995; *Hans Badertscher / Hans-Ulrich Grunder* (Hrsg.): Wie viel Staat braucht die Schule? Schulvielfalt und Autonomie im Bildungswesen. Stuttgart / Wien 1995.

Anschriften

Deutschland:

Bund der Freien Waldorfschulen (mit der Pädagogischen Forschungsstelle beim Bund der Freien Waldorfschulen), Wagenburgstraße 6, 70184 Stuttgart, Tel. (07 11) 21 04 20, E-Mail: bund@waldorfschule.de, www.waldorfschule.de

Seminar für Waldorfpädagogik Stuttgart, Haussmannstraße 44A, 70188 Stuttgart, Tel. (07 11) 21 09 40, E-Mail: info@waldorflehrerseminar.de, www.freie-waldorfschule-stuttgart.de

Institut für Waldorfpädagogik Annener Berg, Annener Berg 15, 58454 Witten/Ruhr, Tel. (0 23 02) 9 67 30, E-Mail: witten-annen@t-online.de, www.wittenannen.de

Freie Hochschule für anthroposophische Pädagogik, Zielstraße 28, 68169 Mannheim, Tel. (06 21) 30 94 80, E-Mail: buero@freie-hochschule-mannheim.de, www.freie-hochschule-mannheim.de

Seminar für Waldorfpädagogik Berlin, Weinmeisterstr. 16, 10178 Berlin, Tel. (0 30) 6 18 70 73, E-Mail: seminar-berlin@waldorf.net, www.seminar-berlin.waldorf.net

Pädagogisches Seminar an der Rudolf-Steiner-Schule Nürnberg, Steinplattenweg 25, 90491 Nürnberg, Tel. (09 11) 5 98 60,
E-Mail: waldorf@rsn.n.by.schule.de,
www.franken.de/users/rsnl

Lehrerseminar für Waldorfpädagogik, Brabanter Straße 45,
34131 Kassel, Tel. (05 61) 3 36 55,
E-Mail: lehrerseminar.forschung@freenet.de,
www.lehrerseminar-forschung.de

Seminar für Waldorfpädagogik in Hamburg, Hufnerstr. 18,
22083 Hamburg, Tel. (0 40) 2 98 30 30,
E-Mail: mail@waldorfseminar.de,
www.waldorfseminar.de

Waldorflehrerseminar Kiel, Rudolf-Steiner-Weg 2,
24109 Kiel, Tel. (04 31) 5 30 91 30,
E-Mail: info@waldorfseminarkiel.de,
www.waldorfseminarkiel.de

EUROPA:

Dänemark:
Audonicon, Rudolf-Steiner-Hojskolen for Opdragelseskunst,
Grønnedalsvei 14, DK-8660 Skanderborg,
Tel. (00 45) 86524755,
E-Mail: kontor@audonicon.dk, www.audonicon.dk

Estland:

Tartu Waldorfpedagoogika Seminar, Ploomi 1, 50110 Tartu, Tel. (00 372) 7367164

Finnland:

Snellman-Korkeakoulu, Puuskakuja 14, 00850 Helsinki, Tel. (00 358) 92285020
E-Mail: info@snellman-korkeakoulu.fi,
www.snellman-korkeakoulu.fi

Frankreich:

Cycle Pédagogique du Sud-Est, Le Pavadou, 84750 Méthamis, Tel. (00 33) 490619668,
E-Mail: cycle.pedagogique@club-internet.fr

Institut Rudolf Steiner, 5, rue Georges Clémenceau, 78400 Chatou, Tel. (00 33) 139525819,
E-Mail: institut.rudolf. steiner@wanadoo.fr

Großbritannien:

Emerson College, Forest Row, Sussex RH18 5JX, G.B., Tel. (00 44) 1342822238,
E-Mail: mail@emerson.org.uk

Niederlande:

Vrije Pedagogische Akademie, Socrateslaan 22-A, NL-3707 GL Zeist, Tel. (00 31) 306937900,
E-Mail: secretariaat@hhelicon.nl
www.hhelicon.nl

Norwegen:

Rudolf Steinerhöyskolen, Prof. Dahls gt. 30, N-0260 Oslo,
Tel. (00 47) 22540590,
E-Mail: adm@rshoyskolen.no, www.rshoyskolen.no

Österreich:

Goetheanistische Studienstätte, Speisinger Straße 258,
A-1238 Wien, Tel. (00 43) 18886903,
E-Mail: goethe-studienstaette@vienna.at

Rumänien:

Colegiul Universitar de Institutori Waldorf din Bucuresti,
Bd. Marassti, nr. 59, sector 1, O. P. 32, 71331 Bucuresti,
Tel. (00 40) 12242186, E-Mail: colegiulwaldorf@pcnet.ro,
www.colegiul-waldorf.org

Russland:

Waldorflehrerseminar, Stremyanij Pereulok 33 – 35, 113093
Moskau, Tel. (00 7) 0952365 214
Waldorfskij pedagogitscheskij seminar, Torshkowskaja ul., 2,
k. 3, 197342 St. Petersburg, Tel. (00 7) 8122460122

Schweden:

Rudolf-Steiner-Seminariet Järna, S-15391 Järna, Tel. (00 46)
855150325

Ungarn:

Waldorf Pedagógiai Intézet, Jozsef Attila u. 41,
H – 2083 Solymár, Tel. (00 36) 626360145,
E-Mail: waldorf-kepzes@mail.matav.hu

ELTE Bárczi Gusztáv Gyógypedagógiai Föiskolai Kar Ecseri
u. 3, 1097 Budapest, Tel. (00 36) 12826478,
E-Mail: mesterzs@axelero.hu, www.bghs.hu

Schweiz:

HFAP – Höhere Fachschule für Anthroposophische Pädago-
gik, Ruchtiweg 5, CH-4143 Dornach,
Tel. (00 41) 617014072
E-Mail: bueropro4@swissonline.ch, www.hfap.ch

AUSSEREUROPÄISCHE ANSCHRIFTEN:

Kanada:

Rudolf-Steiner Centre Toronto, 9100 Bathurst Street, Unit 4,
Thornhill, Ontario, L4J 8C7, Tel. (01) 905764 7570,
E-Mail: rudolfsteinercentre@sympatico.ca,
www.rudolfsteinercentre.com

USA:

Fair Oaks, Rudolf Steiner College, 9200 Fair Oaks Boulevard,
Fair Oaks, CA 95628, Tel. (01) 9169618727,
E-Mail: rsc@steinercollege.org, www.steinercollege.org

Northridge Waldorf Institute of Southern California, 17100
Superior Street, Northridge, CA 91325, Tel. (01) 8183496272,
E-Mail:wisco1@hotmail.com

Spring Valley Waldorf Institute, 285 Hungry Hollow Road, Spring Valley, NY 10977, Tel. (01) 8454250055, E-Mail: info@sunbridge.edu, www.sunbridge.edu

Brasilien:
Centro de Formacao de Professores Waldorf, Rua Job Lane 900, 04639-001 Sao Paulo/Bras., S P, Tel. (00 55) 115236655, E-Mail: waldsteiner@macbbs.com.br, www.sab.org.br/pedag-wal/centform.htm

Chile:
Corporación Rudolf Steiner Seminarion Antrop. Terapéutico, Galvarino Gallardo 2155, Casilla 22-11 Correo Nunoa, Santiago, Nunoa, Tel. (00 56) 22095295

Südafrika:
Centre for Creative Education, McGregor House, 4 Victoria Road, Plumstead 7800, Cape Town, Tel. (00 27) 217976802, E-Mail: fedwald@mweb.co.za

Neuseeland:
Taruna Centre for Anthroposophical Adult Education, P.O. Box 8103, Havelock North 4231, Tel. (00 64) 6468777174, E-Mail: enquiries@taruna.gen.nz, www.taruna.gen.nz

Australien:
Lorien Novalis College of Teacher Education, P.O. Box 82, Round Corner NSW 2158, Tel. (00 61) 2651 2577

Glenaeon Rudolf Steiner School Limited, 5 A Glenroy Avenue, Middle Cove NSW 2068, Tel. (00 61) 294173193, E-Mail: glenaeon@tpgi.com.av

Ein *Adressenverzeichnis der Waldorfschulen* (World List of Rudolf Steiner Schools) kann beim Sekretariat des Bundes der Freien Waldorfschulen, Wagenburgstraße 6, D-70184 Stuttgart, bezogen werden, Tel. (0711) 2 10 42-0;
eine *Liste der Waldorfkindergärten* bei der Internationalen Vereinigung der Waldorfkindergärten e. V., Heubergstraße 18, D-70188 Stuttgart, Tel. (07 11) 28 50 01;
ein *Verzeichnis der anthroposophischen Einrichtungen für Heilpädagogik und Sozial-Therapie* beim Verband Anthroposophischer Einrichtungen für Heilpädagogik und Sozialtherapie e. V., Schlossstraße 9, D-61209 Echzell, Tel. (0 60 35) 8 11 90.

Zur einführenden Information über die Waldorfpädagogik werden jährlich drei einwöchige *pädagogische Sommertagungen* in Stuttgart, Hamburg und Wanne-Eickel durchgeführt. Nähere Information über den Bund der Freien Waldorfschulen.